定位经典丛书

对美国营销影响巨大的观念

定位

争夺用户心智的战争

POSITIONING

THE BATTLE FOR YOUR MIND（20th Anniversary Edition）

［美］ **艾·里斯**（AI Ries） 著
杰克·特劳特（Jack Trout）

邓德隆 火华强◎译

经典
重译版

机械工业出版社
CHINA MACHINE PRESS

图书在版编目（CIP）数据

定位：争夺用户心智的战争（经典重译版）/（美）艾·里斯（Al Ries），（美）杰克·特劳特（Jack Trout）著；邓德隆，火华强译 . —北京：机械工业出版社，2017.9
（2025.9 重印）
（定位经典丛书）

书名原文：Positioning: The Battle for Your Mind (20th Anniversary Edition)

ISBN 978-7-111-57797-3

I. 定… II. ① 艾… ② 杰… ③ 邓… ④ 火… III. 市场营销 IV. F713.50

中国版本图书馆 CIP 数据核字（2017）第 202676 号

北京市版权局著作权合同登记 图字：01-2010-5163 号。

定位：争夺用户心智的战争（经典重译版）

出版发行：机械工业出版社（北京市西城区百万庄大街 22 号 邮政编码：100037）

责任编辑：董凤凤　　　　　　　　　　　　责任校对：殷　虹

印　刷：保定市中画美凯印刷有限公司　　　版　次：2025 年 9 月第 1 版第 26 次印刷

开　本：170mm×242mm　1/16　　　　　　印　张：19.5

书　号：ISBN 978-7-111-57797-3　　　　　定　价：79.00 元

客服电话：（010）88361066　68326294

目录

己确立一个定位。

为了应对传播过度的社会，人们学会了在心智中的阶梯上给产品排序。比如，在租车品类的心智阶梯上，大多数人把赫兹放在第一层，安飞士放在第二层，全美租车公司放在第三层。在定位之前，你必须知道自己在心智阶梯上处于什么位置。

任何向 IBM 在电脑业占据的定位发起正面挑战的公司，都不可能成功。很多公司忽视了这一条基本定位原则，结果备受挫折。

要成为领导者，你必须第一个进入潜在顾客的心智，然后遵循领导者的定位原则，以保持领导地位。

对领导者行之有效的方法并不适用于跟随者。跟随者必须找到一个未被其他人占据的"空位"。

如果找不到"空位"，你就不得不通过重新定位竞争对手来创造一个空位。比如，泰诺重新定位阿司匹林。

为产品起名，是你要做出的最重要的营销决策。名字本身，在传播过度的社会中具有巨大的威力。

拥有冗长而复杂名字的公司，试图采用首字母缩写来简化名字，但这个策略极少奏效。

企业的第二个产品能够搭知名品牌的顺风车吗？升级版 Alka-Seltzer 及很多其他产品的案例，说明这行不通。

品牌延伸已成为过去 10 年的营销顽疾。它为何难成功？

但是，有一些品牌延伸的成功案例（比如通用电气）。这里会讨论什么时候采用公司名，什么时候采用新名字。

孟山都如何通过"生命的化学真相"的定位传播方案在化工行业建立领导地位？

比利时航空公司所面临问题的答案，不是为航空公司定位，而是为比利时这个国家定位。

一个产品如何在传播预算很小的情况下，通过把自己定位为比糖果棒耐吃的替代品，得以进入心智？

一项真正的新服务，为何要针对老服务定位？

自己的领地遭遇来自大城市的大银行的入侵，这家银行如何实现成功反击？

甚至机构也可以从定位思维中受益。为罗马天主教会定位，应采取怎样的合理步骤？

（一）

孙子云：先胜而后求战。

商界如战场，而这就是战略的角色。事实上，无论承认与否，今天很多商业界的领先者都忽视战略，而重视战术。对于企业而言，这是极其危险的错误。你要在开战之前认真思考和确定战略，才能赢得战役的胜利。

关于这个课题，我们的书会有所帮助。但是首先要做好准备，接受战略思维方式上的颠覆性改变，因为真正有效的战略常常并不合逻辑。

以战场为例。很多企业经理人认为，胜负见于市场，但事实并非如此。胜负在于潜在顾客的心智，这是定位理论中最基本的概念。

你如何赢得心智？在过去的40多年里，这一直是我们唯一的课题。最初我们提出了定位的方法，通过一个定位概念将品牌植入心智；之后我们提出了商战，借助战争原则来思考战略；后来我们发现，除非通过聚焦，对企业和品牌的各个部分进行取舍并集中资源，否则定位往往会沦为一个传播概念。今天我们发现，开创并主导一个品类，令你的品牌成为潜在顾客心智中某一品类的代表，是赢得心智之战的关键。

但是绝大多数公司并没有这么做，以"聚焦"为例，大部分公司都不愿意聚焦，而是想要吸引每个消费者，最终它们选择延伸产品线。每个公司都想要成长，因此逻辑思维就会建议一个品牌应该扩张到其他品类中，但这并非定位思维。它可能不合逻辑，但我们仍然建议你的品牌保持狭窄的聚焦；如果有其他的机会出现，那么推出第二个甚至第三个品牌。

几乎定位理论的每个方面和大多数公司的做法都相反，但事实上很多公司都违背了定位的原则，而恰恰是这些原则才为你在市场上创造机会。模仿竞争对手并不能让你获得胜利。你只有大胆去做不同的事才能取胜。

当然，观念的改变并非一日之功。在美国，定位理论经历了数十年的时间才被企业家广泛接受。最近几年里，我们成立了里斯伙伴中国公司，向中国企业家传播定位理论。我和女儿劳拉几乎每年都应邀到中国做定位理论新成果的演讲，我们还在中国的营销和管理杂志上开设了长期的专栏，解答企业家的疑问……这些努力正在发挥作用，由此我相信，假以时日，中国企业一定可以创建出真正意义的全球主导品牌。

艾·里斯

（二）

中国正处在一个至关重要的十字路口上。制造廉价产品已使中国有了很大的发展，但上升的劳动力成本、环境问题以及对创新的需求都意味着重要的不是制造更廉价的产品，而是更好地进行产品营销。只有这样，中国才能赚更多的钱，才能在员工收入、环境保护和其他方面进行更大的投入。这意味着中国需要更好地掌握如何在顾客和潜在顾客的心智中建立品牌和认知，如何应对国内及国际上无处不在的竞争。

这也正是我的许多书能够发挥作用的地方。它们都是关于如何通过在众多竞争者中实现差异化来定位自己的品牌；它们都是关于如何保持简单、如何运用常识以及如何寻求显而易见又强有力的概念。总的来讲，无论你想要销售什么，它们都会告诉你如何成为一个更好的营销者。

我的中国合伙人邓德隆先生正将其中的很多理论在中国加以运用，他甚至为企业家开设了"定位"培训课程。但是，中国企业如果要建立自己的品牌，正如你们在日本、韩国和世界其他地方所看到的那些品牌，你们依然有很长的路要走。

但有一件事很明了：继续"制造更廉价的产品"只会死路一条，因为其他国家会想办法把价格压得更低。

杰克·特劳特

定位：第三次生产力革命

马克思的伟大贡献在于，他深刻地指出了，以生产工具为标志的生产力的发展，是社会存在的根本柱石，也是历史的第一推动力——大思想家李泽厚如是总结马克思的唯物史观。

第一次生产力革命：泰勒"科学管理"

从唯物史观看，赢得第二次世界大战（以下简称"二战"）胜利的关键历史人物并不是丘吉尔、罗斯福与斯大林，而是弗雷德里克·泰勒。泰勒的《科学管理原理》[一]掀起了人类工作史上的第一次生产力革命，大幅提升了体力工作者的生产力。在泰勒之前，人类的精密制造只能依赖于能工巧匠（通过师傅带徒弟的方式进行培养，且人数不多），泰勒通过将复杂的工艺解构为简单

[一] 本书中文版已由机械工业出版社出版。

的零部件后再组装的方式，使得即便苏格拉底或者鲁班再世恐怕也未必能造出来的智能手机、电动汽车，现在连普通的农民工都可以大批量制造出来。"二战"期间，美国正是全面运用了泰勒"更聪明地工作"方法，使得美国体力工作者的生产力爆炸式提高，远超其他国家，美国一国产出的战争物资比其他所有参战国的总和还要多——这才是"二战"胜利的坚实基础。

欧洲和日本也正是从"二战"的经验与教训中，认识到泰勒工作方法的极端重要性。两者分别通过"马歇尔计划"和爱德华·戴明，引入了泰勒的作业方法，这才有了后来欧洲的复兴与日本的重新崛起。包括20世纪80年代崛起的"亚洲四小龙"，以及今日的"中国经济奇迹"，本质上都是将体力工作者的生产力大幅提升的结果。

泰勒的贡献不止于此，根据唯物史观，当社会存在的根本柱石——生产力得到发展后，整个社会的"上层建筑"也将得到相应的改观。在泰勒之前，工业革命造成了资产阶级与无产阶级这两大阶级的对峙。随着生产力的发展，体力工作者收入大幅增加，工作强度和时间大幅下降，社会地位上升，并且占据社会的主导地位。前者的"哑铃型社会"充满了斗争与仇恨，后者的"橄榄型社会"则相对稳定与和谐——体力工作者生产力的提升，彻底改变了社会的阶级结构，形成了我们所说的发达国家。

体力工作者工作强度降低，人类的平均寿命因此相应延长。加上工作时间的大幅缩短，这"多出来"的许多时间，主要转向了教育。教育时间的大幅延长，催生了一场更大的"上层建筑"的革命——资本主义的终结与知识社会的出现。1959年美国的人口统计显示，靠知识（而非体力）"谋生"的人口超过体力劳动者，成为劳动人口的主力军，这就是我们所说的知识社会。目前，体力工作者在美国恐怕只占 10% 左右了。知识社会的趋势从美国为代表的发达国家开始，向全世界推进。

第二次生产力革命：德鲁克"组织管理"

为了因应知识社会的来临，彼得·德鲁克创立了管理这门独立的学科（核心著作是《管理的实践》及《卓有成效的管理者》[⊖]），管理学科的系统建立与广泛传播大幅提升了组织的生产力，使社会能容纳如此巨大的知识群体，并让他们创造绩效成为可能，这是人类史上第二次"更聪明地工作"。

在现代社会之前，全世界最能吸纳知识工作者的国家是中国。中国自汉代以来的文官制度，在隋唐经过科举制定型后，为知识分子打通了从最底层通向上层的通道。这不但为社会注入了源源不断的活力，也为人类创造出了光辉灿烂的文化，是中国领先于世界的主要原因之一。在现代社会，美国每年毕业的大学生就高达百万以上，再加上许多在职员工通过培训与进修，从体力工作者转化为知识工作者的人数就更为庞大了。特别是"二战"后实施的《退伍军人权利法案》，几年间将"二战"后退伍的军人几乎全部转化成了知识工作者。如果没有高效的管理，整个社会将因无法消化这么巨大的知识群体而陷入危机。

通过管理提升组织的生产力，现代社会不但消化了大量的知识群体，甚至还创造出了大量的新增知识工作的需求。与体力工作者的生产力是以个体为单位来研究并予以提升不同，知识工作者的知识本身并不能实现产出，必须借助组织这个"生产单位"来利用他们的知识，才可能产出成果。

⊖ 这两本书中文版已由机械工业出版社出版。

正是管理学让组织这个生产单位创造出应有的巨大成果。

要衡量管理学的成就，我们可以将 20 世纪分为前后两个阶段来进行审视。20 世纪前半叶是人类有史以来最血腥、最残暴、最惨无人道的半个世纪，短短 50 年的时间内居然发生了两次世界大战，最为专制独裁及大规模的种族灭绝都发生在这一时期。反观"二战"后的 20 世纪下半叶，直到 2008 年金融危机为止，人类享受了长达近 60 年的经济繁荣与社会稳定。虽然地区摩擦未断，但世界范围内的大战毕竟得以幸免。究其背后原因，正是通过恰当的管理，构成社会并承担了具体功能的各个组织，无论是企业、政府、医院、学校，还是其他非营利机构，都能有效地发挥应有的功能，同时让知识工作者获得成就和满足感，从而确保了社会的和谐与稳定。20世纪上半叶付出的代价，本质上而言是人类从农业社会转型为工业社会缺乏恰当的组织管理所引发的社会功能紊乱。20 世纪下半叶，人类从工业社会转型为知识社会，虽然其剧变程度更烈，但是因为有了管理，乃至于平稳地被所有的历史学家忽略了。如果没有管理学，历史的经验告诉我们，20 世纪下半叶，很有可能会像上半叶一样令我们这些身处其中的人不寒而栗。不同于之前的两次大战，现在我们已具备了足以多次毁灭整个人类的能力。

生产力的发展、社会基石的改变，照例引发了"上层建筑"的变迁。首先是所有制方面，资本家逐渐无足轻重了。在美国，社会的主要财富通过养老基金的方式被知识员工所持有。从财富总量上看，再大的企业家（如比尔·盖茨、巴菲特等巨富）与知识员工持有的财富比较起来，也只是沧海一粟而已。更重要的是，社会的关键资源不再是资本，而是知识。社会的代表人物也不再是资本家，而是知识精英或各类顶级专才。整个社会开始转型为"后资本主义社会"。社会不再由政府或国家的单一组织治理或统治，而是走向由知识组织实现自治的多元化、多中心化。政府只是众多大型组织之一，而且政府中越来越多的社会功能还在不断外包给各个独立自治的社会组织。如此众多的社会组织，几乎为每个人打开了"从底层通向上层"的通道，意味着每个人都可以通过获得知识而走向成功。当然，这同时也意味着不但在同一知识或特长领域中竞争将空前激烈，而且在不同知识领域之间也充满着相互争辉、相互替代的竞争。

正如泰勒的成就催生了一个知识型社会，德鲁克的成就则催生了一个竞争型社会。对于任何一个社会任务或需求，你都可以看到一大群管理良好的组织在全球展开争夺。不同需求之间还可以互相替代，一个产业的革命往往来自另一个产业的跨界打劫。这又是一次史无前例的社会巨变！人类自走出动物界以来，上百万年一直处于"稀缺经济"的生存状态中。然而，在短短的几十年里，由于管理的巨大成就，人类居然可以像儿童置身于糖果店中一般置身于"过剩经济"的"幸福"状态中。然而，这却给每家具体的企业带来了空前的生存压力，如何从激烈的竞争中存活下去。人们呼唤第三次生产力革命的到来。

第三次生产力革命：特劳特"定位"

对于企业界来说，前两次生产力革命，分别通过提高体力工作者和知识工作者的生产力，大幅提高了企业内部的效率，使得企业可以更好更快地满足顾客需求。这两次生产力革命的巨大成功警示企业界，接下来他们即将面临的最重大的挑战，将从管理企业的内部转向管理企业的外部，也就是顾客。德鲁克说，"企业存在的唯一目的是创造顾客"，而特劳特定位理论，将为企业创造顾客提供一种新的强大的生产工具。

竞争重心的转移

在科学管理时代，价值的创造主要在于多快好省地制造产品，因此竞争的重心在工厂，工厂同时也是经济链中的权力中心，生产什么、生产多少、定价多少都由工厂说了算，销售商与顾客的意愿无足轻重。福特的名言是这一时代权力掌握者的最好写照——你可以要任何颜色的汽车，只要它是黑色的。在组织管理时代，价值的创造主要在于更好地满足顾客需求，相应地，竞争的重心由工厂转移到了市场，竞争重心的转移必然导致经济权力的同步转移，离顾客更近的渠道商就成了经济链中的权力掌握者。互联网企业家巨大的影响力并不在于他们的财富之多，而在于他们与世界上最大的消费者群体最近。而现在，新时代的竞争重心已由市场转移至心智，经济权力也就由渠道继续前移，转移至顾客，谁能获取顾客心智的力量，谁就能摆脱渠道商的控制而握有经济链中的主导权力。在心智时代，顾客选择的力量掌握了任何一家企业、任何渠道的生杀大权。价值的创造，一方面来自企业因为有了精准定位而能够更加高效地使用社会资源，另一方面来自顾客交易成本的大幅下降。

选择的暴力

杰克·特劳特在《什么是战略》⊖开篇中描述说："最近几十年里，商业发生了巨变，几乎每个品类可选择的产品数量都有了出人意料的增长。例如，在 20 世纪 50 年代的美国，买小汽车就是在通用、福特、克莱斯

⊖　本书中文版已由机械工业出版社出版。

勒或美国汽车这四家企业生产的车型中挑选。今天，你要在通用、福特、克莱斯勒、丰田、本田、大众、日产、菲亚特、三菱、雷诺、铃木、宝马、奔驰、现代、大宇、马自达、五十铃、起亚、沃尔沃等约300种车型中挑选。"甚至整个汽车品类都将面临高铁、短途飞机等新一代跨界替代的竞争压力。汽车业的情形，在其他各行各业中都在发生。移动互联网的发展，更是让全世界的商品和服务来到我们面前。如何对抗选择的暴力，从竞争中胜出，赢得顾客的选择而获取成长的动力，就成了组织生存的前提。

这种"选择的暴力"，只是展示了竞争残酷性的一个方面。另一方面，知识社会带来的信息爆炸，使得本来极其有限的顾客心智更加拥挤不堪。根据哈佛大学心理学博士米勒的研究，顾客心智中最多也只能为每个品类留下七个品牌空间。而特劳特先生进一步发现，随着竞争的加剧，最终连七个品牌也容纳不下，只能给两个品牌留下心智空间，这就是定位理论中著名的"二元法则"。在移动互联网时代，特劳特先生强调"二元法则"还将演进为"只有第一，没有第二"的律则。任何在顾客心智中没有占据一个独一无二位置的企业，无论其规模多么庞大，终将被选择的暴力摧毁。这才是推动全球市场不断掀起并购浪潮的根本力量，而不是人们通常误以为的是资本在背后推动，资本只是被迫顺应顾客心智的力量。特劳特先生预言，与未来几十年相比，我们今天所处的竞争环境仍像茶话会一般轻松，竞争重心转移到心智将给组织社会带来空前的紧张与危机，因为组织存在的目的，不在于组织本身，而在于组织之外的社会成果。当组织的成果因未纳入顾客选择而变得没有意义甚至消失时，组织也就失去了存在的理由与动力。这远不只是黑格尔提出的因"历史终结"带来的精神世界的无意义，而是如开篇所引马克思的唯物史观所揭示的，关乎社会存在的根本柱石发生了动摇。

走进任何一家超市，或者打开任何一个购物网站，你都可以看见货架上躺着的大多数商品，都是因为对成果的定位不当而成为没有获得心智选择力量的、平庸的、同质化的产品。由此反推，这些平庸甚至是奄奄一息的产品背后的企业，及在这些企业中工作的人们，他们的生存状态是多么地令人担忧，这可能成为下一个社会急剧动荡的根源。

吊诡的是，从大数据到人工智能等科技创新不但没能缓解这一问题，反而加剧了这种动荡。原因很简单，新科技的运用进一步提升了组织内部的效率，而组织现在面临的挑战主要不在内部，而是外部的失序与拥挤。和过去的精益生产、全面质量管理、流程再造等管理工具一样，这种提高企业内部效率的"军备竞赛"此消彼长，没有尽头。如果不能精准定位，企业内部效率提高再多，也未必能创造出外部的顾客。

新生产工具：定位

在此背景下，为组织准确定义成果、化"选择暴力"为"选择动力"的新生产工具——定位（positioning），在1969年被杰克·特劳特发现，通过大幅提升企业创造顾客的能力，引发第三次生产力革命。在谈到为何采用"定位"一词来命名这一新工具时，特劳特先生说："《韦氏词典》对战略的定义是针对敌人（竞争对手）确立最具优势的位置（position）。这正好是定位要做的工作。"在顾客心智（组织外部）中针对竞争对手确定最具优势的位置，从而使企业胜出竞争赢得优先选择，为企业源源不断地创造顾客，这是企业需全力以赴实现的成果，也是企业赖以存在的根本理由。特劳特先生的核心著作是《定位》[⊖]《商战》[⊜]和《什么是战略》，我推荐读者从这三本著作开始学习定位。

定位引领战略

1964 年，德鲁克出版了《为成果而管理》[⊜]一书，二十年后他回忆说，其实这本书的原名是《商业战略》，但是出版社认为，商界人士并不关心战略，所以说服他改了书名。这就是当时全球管理界的真实状况。然而，随着前两次生产力革命发挥出巨大效用，产能过剩、竞争空前加剧的形势，迫使学术界和企业界开始研究和重视战略。一时间，战略成为显学，百花齐放，亨利·明茨伯格甚至总结出了战略学的十大流派，许多大企业也建立了自己的战略部门。战略领域的权威、哈佛商学院迈克尔·波特教授总结了几十年来的研究成果，清晰地给出了一个明确并且被企业界和学术界最广泛接受的定义："战略，就是创造一种独特、有利的定位。""最高管理层的核心任务是制定战略：界定并宣传公司独特的定位，进行战略取舍，在各项运营活动之间建立配称关系。"波特同时指出了之前战略界众说纷纭的原因，在于人们未能分清"运营效益"和"战略"的区别。提高运营效益，意味着比竞争对手做得更好；而战略意味着做到不同，创造与众不同的差异化价值。提高运营效益是一场没有尽头的军备竞赛，可以模仿追赶，只能带来短暂的竞争优势；而战略则无法模仿，可以创造持续的长期竞争优势。

定位引领运营

企业有了明确的定位以后，几乎可以立刻识别出企业的哪些运营动作

⊖⊜⊜　这三本书中文版已由机械工业出版社出版。

加强了企业的战略，哪些运营动作没有加强企业的战略，甚至和战略背道而驰，从而做到有取有舍，集中炮火对着同一个城墙口冲锋，"不在非战略机会点上消耗战略竞争力量"（任正非语）。举凡创新、研发、设计、制造、产品、渠道、供应链、营销、投资、顾客体验、人力资源等，企业所有的运营动作都必须能够加强而不是削弱定位。

比如美国西南航空公司，定位明确之后，上下同心，围绕定位建立了环环相扣、彼此加强的运营系统：不提供餐饮、不指定座位、无行李转运、不和其他航空公司联程转机、只提供中等规模城市和二级机场之间的短程点对点航线、单一波音 737 组成的标准化机队、频繁可靠的班次、15 分钟泊机周转、精简高效士气高昂的员工、较高的薪酬、灵活的工会合同、员工持股计划等，这些运营动作组合在一起，夯实了战略定位，让西南航空能够在提供超低票价的同时还能为股东创造丰厚利润，使得西南航空成为一家在战略上与众不同的航空公司。

所有组织和个人都需要定位

定位与管理一样，不仅适用于企业，还适用于政府、医院、学校等各类组织，以及城市和国家这样的超大型组织。例如岛国格林纳达，通过从"盛产香料的小岛"重新定位为"加勒比海的原貌"，从一个平淡无奇的小岛变成了旅游胜地；新西兰从"澳大利亚旁边的一个小国"重新定位成"世界上最美丽的两个岛屿"；比利时从"去欧洲旅游的中转站"重新定位成"美丽的比利时，有五个阿姆斯特丹"等。目前，有些城市和景区因定位不当而导致生产力低下，出现了同质化现象，破坏独特文化价值的事时有发生……同样，我们每个人在社会中也一样面临竞争，所以也需要找到自己的独特定位。个人如何创建定位，详见"定位经典丛书"之《人生定位》[⊖]，它会教你在竞争中赢得雇主、上司、伙伴、心上人的优先选择。

定位客观存在

事实上，已不存在要不要定位的问题，而是要么你是在正确、精准地定位，要么你是在错误地定位，从而根据错误的定位配置企业资源。这一点与管理学刚兴起时，管理者并不知道自己的工作就是做管理非常类似。由于对定位功能客观存在缺乏"觉悟"，即缺乏自觉意识，企业常常在不自觉中破坏已有的成功定位，挥刀自戕的现象屡屡发生、层出不穷。当一个品牌破坏了已有的定位，或者企业运营没有遵循顾客心智中的定位来配置资源，不但造成顾客不接受新投入，反而会浪费企业巨大的资产，甚至使企业毁灭。读者可以从"定位经典丛书"中看到诸如 AT&T、DEC、通用汽车、米勒啤酒、施乐等案例，它们曾盛极一时，却因违背顾客心智中的定位而由盛转衰，成为惨痛教训。

创造"心智资源"

企业最有价值的资源是什么？这个问题的答案是一直在变化的。100年前，可能是土地、资本；40年前，可能是人力资源、知识资源。现在，这些组织内部资源的重要性并没有消失，但其决定性的地位都要让位于组织外部的心智资源（占据一个定位）。没有心智资源的牵引，其他所有资源都只是成本。企业经营中最重大的战略决策就是要将所有资源集中起来抢占一个定位，使品牌成为顾客心智中定位的代名词，企业因此才能获得来自顾客心智中的选择力量。所以，这个代名词才是企业生生不息的大油

⊖ 本书中文版已由机械工业出版社出版。

田、大资源，借用德鲁克的用语，即开启了"心智力量战略"（mind power strategy）。股神巴菲特之所以几十年都持有可口可乐的股票，是因为可口可乐这个品牌本身的价值，可口可乐就是可乐的代名词。有人问巴菲特为什么一反"不碰高科技股"的原则而购买苹果的股票，巴菲特回答说，在我的孙子辈及其朋友的心智中，iPhone 的品牌已经是智能手机的代名词，我看重的不是市场份额，而是心智份额（大意，非原语）。对于巴菲特这样的长期投资者而言，企业强大的心智资源才是最重要的内在价值及"深深的护城河"。

衡量企业经营决定性绩效的方式也从传统的财务盈利与否，转向为占有心智资源（定位）与否。这也解释了为何互联网企业即使不盈利也能不断获得大笔投资，因为占有心智资源（定位）本身就是最大的成果。历史上，新生产工具的诞生，同时会导致新生产方式的产生，这种直取心智资源（定位）而不顾盈利的生产方式，是由新的生产工具带来的。这不只发生在互联网高科技产业，实践证明传统行业也完全适用。随着第三次生产力革命的深入，其他产业与非营利组织将全面沿用这一新的生产方式——第三次"更聪明地工作"。

伟大的愿景：从第三次生产力革命到第二次文艺复兴

第三次生产力革命将会对人类社会的"上层建筑"产生何种积极的影响，现在谈论显然为时尚早，也远非本文、本人能力所及。但对于正大步迈入现代化、全球化的中国而言，展望未来，其意义非同一般。我们毕竟错过了前面两次生产力爆炸的最佳时机，两次与巨大历史机遇擦肩而过（万幸的是，改革开放让中国赶上了这两次生产力浪潮的尾声），而第三次生产力浪潮中国却是与全球同步。甚至，种种迹象显示：中国很可能正走在第三次生产力浪潮的前头。继续保持并发展这一良好势头，中国大有希望。李泽厚先生在他的《文明的调停者——全球化进程中的中国文化定位》一文中写道：

> 注重现实生活、历史经验的中国深层文化特色，在缓和、解决全球化过程中的种种困难和问题，在调停执着于一神教义的各宗教、文化的对抗和冲突中，也许能起到某种积极作用。所以我曾说，与亨廷顿所说相反，中国文明也许能担任基督教文明与伊斯兰教文明冲突中的调停者。当然，这要到未来中国文化的物质力量有了巨大成长之后。

随着生产力的发展，中国物质力量的强大，中国将可能成为人类文明冲突的调停者。李泽厚先生还说：

> 中国将可能引发人类的第二次文艺复兴。第一次文艺复兴，是回到古希腊传统，其成果是将人从神的统治下解放出来，充分肯定人的感性存在。第二次文艺复兴将回到以孔子、庄子为核心的中国古典传统，其成果是将人从机器的统治下（物质机器与社会机器）解放出来，使人获得丰足的人性与温暖的人情。这也需要中国的生产力足够发展，经济力量足够强大才可能。

历史充满了偶然，历史的前进更往往是在悲剧中前行。李泽厚先生曾提出一个深刻的历史哲学：历史与伦理的二律背反。尽管历史与伦理二者都具价值，二者却总是矛盾背反、冲突不断，一方的前进总要以另一方的倒退为代价，特别是在历史的转型期更是如此。正是两次世界大战付出了惨重的伦理道德沦陷的巨大代价，才使人类发现了泰勒生产方式推动历史前进的巨大价值而对其全面采用。我们是否还会重演历史，只有付出巨大的代价与牺牲之后才能真正重视、了解定位的强大功用，从而引发第三次生产力革命的大爆发呢？德鲁克先生的实践证明，只要知识阶层肩负起对社会的担当、责任，我们完全可以避免世界大战的再次发生。在取得这一辉煌的管理成就之后，现在再次需要知识分子承担起应尽的责任，将目光与努力从组织内部转向组织外部，在顾客心智中确立定位，引领组织内部所有资源实现高效配置，为组织源源不断创造顾客。

现代化给人类创造了空前的生产力，也制造了与之偕来的种种问题。在超大型组织巨大的能力面前，每一家小企业、每一个渺小的个人，将如何安放自己，找到存在的家园？幸运的是，去中心化、分布式系统、网络社群等创新表明，人类似乎又一次为自己找到了进化的方向。在秦制统一大帝国之前，中华文明以血缘、家族为纽带的氏族部落体制曾经发展得非常充分，每个氏族有自己独特的观念体系："民为贵""以义合""合则留，不合则去"等。不妨大胆地想象，也许未来的社会，将在先进生产力的加持下，呈现为一种新的"氏族社会"，每个人、每个组织都有自己独特的定位，以各自的专长、兴趣和禀赋为纽带，逐群而居，"甘其食，美其服，安其居，乐其俗"，从而"各美其美，美人之美，美美与共，天下大同"。人类历史几千年的同质性、普遍性、必然性逐渐终结，每个个体的偶发性、差异性、独特性日趋重要，如李泽厚先生所言："个体积淀的差异性将成为未来世界的主题，这也许是乐观的人类的未来，即万紫千红百花齐放的个体独特性、差异性的全面实现。"在这个过程中，企业也将打破千篇一律的现状，成为千姿百态生活的创造者，生产力必然又一次飞跃。

人是目的，不是手段。这种丰富多彩、每个个体实现自己独特创造性的未来才是值得追求的。从第三次生产力革命到第二次文艺复兴，为中国

的知识分子提供了一个创造人类新历史的伟大愿景。噫嘻！高山仰止，景
行行止，壮哉伟哉，心向往之……

邓德隆

特劳特伙伴公司全球总裁

写于 2011 年 7 月

改于 2021 年 11 月

定位理论
中国制造向中国品牌成功转型的关键

历史一再证明，越是革命性的思想，其价值被人们所认识越需要漫长的过程。

自 1972 年，美国最具影响力的营销杂志《广告时代》刊登"定位时代来临"系列文章，使定位理论正式进入世界营销舞台的中央，距今已 40 年。自 1981 年《定位》一书在美国正式出版，距今已经 30 年。自 1991 年《定位》首次在中国出版（当时该书名叫《广告攻心战》），距今已经 20 多年。然而，时至今日，中国企业对定位理论仍然知之甚少。

表面上，造成这种现状的原因与"定位理论"的出身有关，对于这样一个"舶来品"，很多人还未读几页就迫不及待地讨论所谓洋理论在中国市场上"水土不服"的问题。根本原因在于定位所倡导的观念不仅与中国企业固有思维模式和观念存在巨大的冲突，也与中国企业的标杆——日韩企业的主流思维模式截然相反。由于具有地缘性的优势，以松下、索尼为代表的日韩企业的经验一度被认为更适合中国企业。

从营销和战略的角度，我们把美国企业主流的经营哲学称为 A（America）模式，把日本企业主流经营哲学称为 J（Japan）模式。总体而言，A 模式最为显著的特点就是聚焦，狭窄而深入；J 模式则宽泛而浅显。简单讨论二者的孰优孰劣也许是仁者见仁的问题，很难有实质性的结果，但如果比较这两种模式典型企业的长期盈利能力，则高下立现。

通过长期跟踪日本企业和美国企业的财务状况，我们发现，典型的 J 模式企业盈利状况都极其糟糕，以下是日本六大电子企业在 1999 ~ 2009 年 10 年间的营业数据：

日立销售收入 84 200 亿美元，亏损 117 亿美元；

松下销售收入 7340 亿美元，亏损 12 亿美元；

索尼销售收入 6960 亿美元，税后净利润 80 亿美元，销售净利润率为 1.1%；

东芝销售收入 5630 亿美元，税后净利润 4 亿美元；

富士通销售收入 4450 亿美元，亏损 19 亿美元；

三洋销售收入 2020 亿美元，亏损 36 亿美元。

中国企业普遍的榜样、日本最著名的六大电子企业 10 年间的经营成果居然是亏损 108 亿美元，即使是利润率最高的索尼，也远低于银行的贷款利率（日本大企业全仰仗日本政府为刺激经济采取对大企业的高额贴息政策，资金成本极低，才得以维持）。与日本六大电子企业的亏损相对应的是，同期美国 500 强企业平均利润率高达 5.4%，优劣一目了然。由此可见，从更宏观的层面看，日本经济长期低迷的根源远非糟糕的货币政策、金融资产泡沫破灭，而是 J 模式之下实体企业普遍糟糕的盈利水平。

定位理论正是由于对美国企业的深远影响，成为"A 模式背后的理论"。自诞生以来，定位理论经过四个重要的发展阶段。

20 世纪 70 年代：定位的诞生。"定位"最为重要的贡献是在营销史上指出：营销的竞争是一场关于心智的竞争，营销竞争的终极战场不是工厂也不是市场，而是心智。心智决定市场，也决定营销的成败。

20 世纪 80 年代：营销战。20 世纪 70 年代末，随着产品的同质化和市场竞争的加剧，艾·里斯和杰克·特劳特发现，企业很难仅通过满足客户需求的方式在营销中获得成功。而里斯早年的从军经历为他们的营销思想带来了启发：从竞争的极端形式——战争中寻找营销战略规律。（实际上，近代战略理论的思想大多源于军事领域，"战略"一词本身就是军事用语。）1985 年，《商战》出版，被誉为营销界的"孙子兵法"，其提出的"防御战""进攻战""侧翼战""游击战"四种战略被全球著名商学院广泛采用。

20 世纪 90 年代：聚焦。20 世纪 80 年代末，来自华尔街年复一年的增长压力，迫使美国的大企业纷纷走上多元化发展的道路，期望以增加产品线和服务的方式来实现销售与利润的增长。结果，IBM、通用汽车、通用电气等大企业纷纷陷入亏损的泥潭。企业如何获得和保持竞争力？艾·里斯以一个简单的自然现象给出了答案：太阳的能量为激光的数十万倍，但由于分散，变成了人类的皮肤也可以享受的温暖阳光，激光则通过聚焦获得能量，轻松切割坚硬的钻石和钢板。企业和品牌要获得竞争力，唯有聚焦。

新世纪：开创新品类。2004 年，艾·里斯与劳拉·里斯的著作《品牌的起源》出版。书中指出，自然界为商业界提供了现成模型。品类是商业界的物种，是隐藏在品牌背后的关键力量，消费者"以品类来思考，以品牌来表达"，分化诞生新品类，进化提升新品类的竞争力量。他进一步指出，企业唯一的目的就是开创并主导新品类，苹果公司正是开创并主导新品类取得成功的最佳典范。

经过半个世纪以来不断的发展和完善，定位理论对美国企业以及全球企业产生了深远的影响，成为美国企业的成功之源，乃至美国国家竞争力的重要组成部分。

过去 40 年的实践同时证明，在不同文化、体制下，以"定位理论"为基础的 A 模式企业普遍具有良好的长期盈利能力和市场竞争力。

在欧洲，20 世纪 90 年代初，诺基亚公司受"聚焦"思想的影响，果断砍掉橡胶、造纸、彩电（当时诺基亚为欧洲第二大彩电品牌）等大部分业务，聚焦于手机品类，仅仅用了短短 10 年时间，就超越百年企业西门子成为欧洲第一大企业。（遗憾的是，诺基亚并未及时吸收定位理论发展的最新成果，把握分化趋势，在智能手机品类推出新品牌，如今陷入新的困境。）

在日本，三大汽车公司在全球范围内取得的成功，其关键正是在发挥日本企业在产品生产方面优势的同时学习了 A 模式的经验。以丰田为例，丰田长期聚焦于汽车领域，不断创新品类，并启用独立新品牌，先后创建了日本中级车代表丰田、日本豪华车代表雷克萨斯、年轻人的汽车品牌赛恩，最近又将混合动力汽车品牌普锐斯，这些基于新品类的独立品牌推动丰田成为全球最大的汽车企业。

同属电子行业的两家日本企业任天堂和索尼的例子更能说明问题。索尼具有更高的知名度和品牌影响力，但其业务分散，属于典型的 J 模式企业。任天堂则是典型的 A 模式企业：依靠聚焦于游戏机领域，开创了家庭游戏机品类。尽管任天堂的营业额只有索尼的十几分之一，但其利润率一直远超过索尼。以金融危机前夕的 2007 年为例，索尼销售收入 704 亿美元，利润率 1.7%；任天堂销售收入 43 亿美元，利润率是 22%。当年任天堂股票市值首次超过索尼，一度接近索尼市值的两倍，至今仍保持市值上的领先优势。

中国的情况同样如此。

中国家电企业普遍采取 J 模式发展，最后陷入行业性低迷，以海尔最具代表性。海尔以冰箱起家，在"满足顾客需求"理念的引导下，逐步进入黑电、IT、移动通信等数十个领域。根据海尔公布的营业数据估算，海尔的利润率基本在 1% 左右，难怪海尔的董事长张瑞敏感叹"海尔的利润像刀片一样薄"。与之相对应的是，家电企业中典型的 A 模式企业——格力，通过聚焦，在十几年的时间里由一家小企业发展成为中国最大的空调企业，并实现了 5% ~ 6% 的利润率，与全球 A 模式企业的平均水平一致，成为中国家电企业中最赚钱的企业。

实际上，在中国市场，各个行业中发展势头良好、盈利能力稳定的企业和品牌几乎毫无例外都属于 A 模式，如家电企业中的格力、汽车企业中的长城、烟草品牌中的中华、白酒品牌中的茅台和洋河、啤酒品牌中的雪花等。

当前，中国经济正处于极其艰难的转型时期，成败的关键从微观来看，取决于中国企业的经营模式能否实现从产品贸易向品牌经营转变，更进一步看，就是从当前普遍的 J 模式转向 A 模式。从这个意义上讲，对于 A 模式背后的理论——定位理论的学习，是中国企业和企业家的必修课。

令人欣慰的是，经过 20 年来著作的传播以及早期实践企业的示范效应，越来越多的中国企业已经投入定位理论的学习和实践之中，并取得了卓越的成果，由此我们相信，假以时日，定位理论也必将成为有史以来对中国营销影响最大的观念。如此，中国经济的成功转型，乃至中华民族的复兴都将成为可能。

张云

里斯伙伴中国公司总经理

2012 年 2 月于上海陆家嘴

前言

"我们的问题是缺乏沟通。"

经常听到这类陈词滥调吧?"缺乏沟通"是对所有问题的唯一最常见、最普遍的解释。

无论是商业问题、政府问题,还是劳资问题、婚姻问题等。

这背后的假设是,假如人们肯花时间交流想法、解释缘由,那么世界上的很多问题都能解决。人们似乎坚信,只要大家能坐下来谈谈,任何问题都会迎刃而解。

然而,事实并非如此。

如今⊖,沟通本身已成问题。美国已成为全世界信息传播最为过度的社会。年复一年,我们传播的信息越来越多,接收的却越来越少。

传播新方式

本书主要讲述了一种新的传播方式,即"定位"(positioning)。书中大部分案例源于广告,也即所有传

⊖ 本书正文中的"如今"指初次出版时的1981年,侧边栏中的"现在"指2001年,其他时间点依此类推。——译者注

播方式中最难的一种。

"广告"这种传播方式，从受众的角度看，并不受尊重。在大多数情况下，人们既不想要，也不喜欢广告。某些时候，人们甚至厌恶广告。

很多知识分子认为，广告不过是为了商业利益而出卖灵魂，并不值得认真研究。

不论广告的名声如何，或许正因为如此，广告领域才是传播理论极佳的试验地。如果在广告上传播理论都行之有效，那么也极有可能在政治、宗教或任何其他面向大众传播的活动中奏效。

因此，本书中的很多例子，也同样来自政治、战争、商业，甚至追求异性的技巧等领域，或者，来自任何需要影响他人心智的人类活动。无论你是想推销一辆汽车、一瓶可乐、一台电脑、一位候选人，还是求职中的你自己。

"定位"这一观念改变了广告的实质。它如此简单，以至于人们很难理解其威力之强大。

宝洁公司及每一位成功的政治家都在运用定位。

华盛顿的政治战略家曾多次来电，向我们了解更多关于定位的信息。

"定位"的定义

定位从一个产品着手，这个产品可以是一件商品、一项服务、一家公司、一个机构，甚至是一个人，也许是你自己。

但定位并非要改变产品，而是要调整潜在顾客的心智。也就是说，在潜在顾客的心智中对产品进行定位。

因此，称其为"产品定位"是不正确的，好像"定位"就是改变产品本身。

"定位"的最新定义："如何在潜在顾客的心智中做到与众不同。"

实际上，定位确实会涉及产品改变，但是就名字、价格和包装所做出的改变，其实不能算是对产品的改变。

那些实际上是为了在潜在顾客的心智中确保一个有价值的位置而做的表面改变。

在我们这个传播过度的社会中，如何让信息被接收？定位就是第一个用来应对这个难题的思想体系。

定位的起源

多亏了《广告时代》的主编兰斯·克雷恩（Rance Crain），因其个人兴趣，该杂志在1972年4月24日、5月1日和5月8日分三部分连载了"定位"的文章。这一连载使定位的概念声名鹊起，也使我们对公关的威力印象深刻。

如果用一个标志性的词语来描述过去10年里广告发展的历程，那非"定位"莫属。

定位在那个时代成为广告及营销人员口中的流行语，不仅在美国，也在世界其他地方。

大部分人认为"定位"始于1972年，那时我们为美国专业期刊《广告时代》（*Advertising Age*）写了一系列名为"定位时代"的文章。

从那以后，我们已在全世界16个国家的广告界进行了500多场关于定位的演讲。我们也散发了超过 12 万册的"橘黄色小册子",里面重印了我们发表在《广告时代》上的系列文章。

定位改变了广告界的游戏规则。

"我们是美国销量第三的咖啡",山咖(Sanka)咖啡的电台广告这样说。

第三?以前那些美好的广告词呢?"第一""最好"和"最佳"去哪里了?

曾经美好的广告时代已经一去不复返了,以前有效的广告词也已经过时了。如今,你只能看到比较级词语,而非最高级词语。

"安飞士(Avis)在租车行业只是第二,那为什么还选我们?因为我们工作更努力。"

"霍尼韦尔(Honeywell),另一家电脑公司。"⊖

"七喜:非可乐。"

套用麦迪逊大道⊜的说法,以上这些都是定位广告语。广告撰写人把时间和调研费用花在寻找心智中的定位或空位上。

然而,定位所引起的关注已远超出广告界的范围,这自有道理。

任何人都能够运用定位战略在人生竞赛中领先一步,或者说:如果你不懂、不会运用定位,无疑会让你的竞争对手抢占先机。

不幸的是,"模糊"如今正变得比"定位"更流行。

在安飞士公司最初的定位广告中,最著名的是最后一句:"我们柜台前的队伍更短。"

⊖ 这则广告指向了电脑领导品牌 IBM,宣告霍尼韦尔是 IBM 的替代选择。——译者注

⊜ 麦迪逊大道,纽约曼哈顿区的一条著名大街。美国许多广告公司的总部都集中在这条街上,因此,这条街成了美国广告业的代名词。——译者注

POSITIONING

定位的本质

定位何以在以创意著称的广告界如此风行？

事实上，过去 10 年的特点或许可以描述为："回归现实"。白衣骑士⊖及戴黑眼罩的人⊜的形象广告已让位于定位概念，如"莱特（Lite）啤酒"⊜所称："有上好啤酒中你想要的一切，只是含量低"。

有诗意吧？对。巧妙吧？对。但同时也是对要表达的定位概念的一种直白、清晰的解释。如今你要想成功，一定要回归现实。而真正重要的现实，就是潜在顾客心智中早已存在的认知。

要标新立异，在心智中创造原本并不存在的事物，变得日益困难，甚至不可能。

定位的基本方法，并非创造某种新的、不同的事物，而是调动心智中已有的认知，重新连接已经存在的联系。

我们对"太多"的真正含义完全没概念。一家中型超市如今已拥有 4 万个存货单位（SKU）。

过去可行的战略，对如今的市场已不再有效，因为实在是有太多产品、太多公司以及太多营销"噪声"了。

最常听到的质疑是"为什么"。为什么我们需要为广告和营销寻找一种新方法？

⊖　白衣骑士指爵士白（Ajax）去污粉的广告人物。——译者注
⊜　戴黑眼罩的人指哈撒韦（Hathaway）衬衫的广告人物。——译者注
⊜　莱特啤酒（Lite Beer），是米勒公司推出的淡啤，Lite 音同 light。——译者注

传播过度的社会

上述问题的答案是：我们已成为一个传播过度的社会。今天美国的人均广告消费额已近每年200美元。

如果你一年在广告上花费100万美元，平均每人一年的广告费还不足半美分，还要分散到365天。然而，每个消费者每天还要同时面对其他公司的价值200美元的广告。

在我们这个传播过度的社会中，要说你的广告有多大的轰动效应，就是在严重夸大你的信息的潜在效果。这种自以为是的观点与市场上的现实情况是脱节的。

在如此嘈杂的传播环境中，提高有效性的唯一希望，是要对信息进行选择和取舍，聚焦于狭窄的目标以及进行市场细分。一言以蔽之，要进行"定位"。

顾客的心智为了防御海量传播，会筛选和排斥大部分信息。通常来说，心智只接受与其之前的知识和经验相一致的信息。

成百上千万的资金虚掷于试图以广告改变人们的心智上。心智一旦形成认知，几乎不可能改变。广告这种微弱的传播力量当然更不可能做到。"我已经打定主意了，不要再以所谓的事实来迷惑我！"这就是大多数人的生活方式。

人均200美元是基于广义的广告概念得出的。如果你只计算"媒体费用"的话，1972年的实际数字是人均110美元左右。而今天，这一数字已达到880美元。我们确实生活在一个传播过度的社会里，而且没有情况好转的迹象。

不要试图改变人们的心智，成了定位理论最重要的原则之一。这是营销人员最常违背的一条原则。说实话，每天都有很多公司在浪费数以百万计的美元，试图改变潜在顾客的心智。

一般人可以接受别人说一些他们一无所知的事情。（这就是为什么"新闻"是一种有效的广告方式。）但是，他们无法接受别人说他们是错的。改变心智是通向广告灾难之路。

极度简化的心智

在传播过度的社会中，人们唯一的防御就是让心智极度简化。

除非能废除一天24小时的自然法则，否则人们就无法把更多信息塞进心智。

一般人的心智已经像滴水的海绵，只有挤掉已有的信息，才能吸收更多的信息。然而，我们却持续不断地把更多的信息灌进已极度饱和的海绵中，结果，我们会为自己的信息无法被接收而感到失望。

当然，广告只不过是传播之冰山一角。我们采用形形色色、令人眼花缭乱的方式相互沟通，其数量更以几何级数进行增长。

媒体本身可能不是信息，却大大影响着信息。媒体更像一个过滤器，而非传递系统。只有极小部分的原始信息最终会进入接收者的心智。

况且，我们接收什么样的信息又被传播过度的当代社会的特性所影响。"将信息粉饰成公认的美好概念"⊖，已成为传播过度的社会的一种生活方式，且不说这确有其效。

在技术上，我们至少能增加 10 倍传播量。人们早已开始谈论用卫星直播电视节目了，每个家庭会有 50 个左右的频道可供选择。

此外，信息量仍将不断增加。德州仪器公司（Texas Instruments）推出了一种"磁泡"存储器，它能在一块芯片上存储 92 000 比特信息。它的存储量是现在市场上最大的半导体存储器的 6 倍。

真了不起！但是，谁能为心智研制"磁泡"？心智被海量信息淹没时，通常的反应是忽略和屏蔽，对于随处可得的信息接受得越来越少。谁能帮助潜在顾客应对如此复杂的状况？传播本身就是问题所在。

直播电视

无疑，卫星电视获得了巨大的成功，大多数消费者已经拥有了可供他们任意选择的 50 个频道。据说，今后有可能会扩展到 500 个频道，对此，我们持怀疑态度。既然普通消费者平时只看五六个频道，谁会需要 500 个频道呢？
500 个频道？等你找到想看的节目时，它已经快播完了。

极度简化的信息

应对传播过度的社会，最好的方法就是极度简化信息。

传播和建筑一样，少即多。你一定要"削尖"你的信息，使其能切入人们的心智。你一定要摒弃含糊其辞的词语，简化信息；如果想给人留下长久的印象，就要再简化些。

⊖　粉饰法（glittering generalities），一种简化沟通的常用方式。为了获得快速认同，将沟通的内容与普遍接受的价值观相关联，如爱国、民主、正义等。——译者注

沃尔沃：安全

极度简化信息这一定位观念，又进一步发展成为我们"一词占领心智"的理论。沃尔沃是"安全"，宝马是"驾驶"，联邦快递是"隔夜送达"，佳洁士是"防蛀"。

一旦顾客心智中拥有了一个词，你就得利用它，否则就会失去它。

依靠传播为生的人，都知道极度简化的必要性。

比如，你要协助一位政治家参与选举，在见面后的 5 分钟内，你对这位政治家的了解会比普通选民在未来 5 年内对他的了解还要多。

因为你的候选人的信息很少会进入选民的心智，所以你的工作其实并非一般意义上的"传播"。

这其实是一项筛选工作，你需要筛选出那些最容易进入心智的原始信息。

阻碍信息发生作用的是传播的信息量。只有当你领悟到问题的本质，你才能通晓解决之道。

当你想传播某位政治候选人、某个产品，抑或是你自己的优点时，你得把着眼点从内部转向外部。

问题的解决之道，并非存在于产品中，甚至也不在于你自己的心智中。

问题的解决之道，存在于外部的潜在顾客的心智中。

换言之，由于能进入顾客心智的信息是那么稀少，你应当忽略信息的传播方，而聚焦于接收方。你应当聚焦于潜在顾客的认知，而非产品。

"在政治上，"纽约前市长约翰·林赛（John Lindsay）说，"认知就是现实。"在广告、商业以及生活上也都一样。

可是，如何看待事实呢？如何看待事情的真

相呢？

什么是事实？什么是客观现实？每一个人似乎都本能地相信，唯有他自己才掌握着普遍真理的密钥。当我们谈到事实时，谈论的是什么事实？是局内人的观点，还是局外人的观点？

这两者之间确实存在不同。按照另一个时代的说法："顾客永远是对的。"言外之意就是，销售方或传播方永远是错的。

要将"传播方是错的，接收方是对的"作为传播的前提，可能有些讽刺意味。但如果你想让你的信息被别人接收的话，你确实别无选择。

此外，谁说局内人的观点比局外人的更准确？

反观之，通过聚焦于潜在顾客而非产品，你就简化了筛选信息的过程，同时也学到了有助于你大幅提高传播效率的原则与观念。

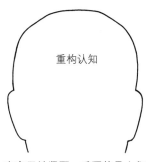

重构认知

事实无关紧要，重要的是人们心智中已有的认知。定位思维的精髓在于，把认知当作现实来接受，然后重构这些认知，以在顾客心智中建立你想要的"定位"。我们后来把这个过程称为"由外而内"的思维方式。

心理学的研究对于理解大脑机制如何运行非常有用。广告就是"实践中的心理学"。

POSITIONING

第 2 章

02

心智遭受信息轰炸

我们这个国家（美国）已经深爱上"传播"这一概念（在一些小学里，"表演与演讲课"现在被称为"传播课"）。我们一直忽视了由传播过度的社会所带来的损害。

在传播上，多即少。我们为解决各种商业及社会问题而对传播的过度使用，已经堵塞了我们的传播渠道，以至于只有极少量的信息能够被接收，而且还不是最重要的那些信息。

营销思想在全世界的普及，是过去 20 年里最显著的发展之一。许多其他发达国家的广告量正在接近美国。如今，美国的广告量不及全球的 1/3。

传播渠道堵塞

以广告为例，仅占世界人口 6% 的美国消费了全球 57% 的广告（你认为美国使用能源过度，事实上，美国只消耗了世界能源的 33%）。

当然，广告只不过是传播河流里的一条小小支流。

说说书籍，在美国，平均每年有大约 3 万册新书出版。这听起来好像不多，但是当你了解到即使每天 24 小时不间断地读，你需要 17 年才能读完一年所出版的书时，你就知道那并不少。

现在，美国每天出版图书 1000 册，仅国会图书馆每年就会增加 30 万册藏书量。

谁能跟得上？

再说报纸，美国每年消耗的新闻纸超过 1000 万吨。也就是说，每年人均消耗 40 多千克新闻纸（几乎等同于每年人均牛肉的消费量）。

问题是一般人能否"消化"这么大的信息量。

互联网

电视

广播

杂志

报纸

书籍

每一种新媒体的出现非但不会取代现有媒体，反而会改变和改造原有媒体。广播过去是一种娱乐媒体，如今则成了新闻、音乐和谈话类媒体。仅休斯敦就有 185 个城市广播频道，美国则有 12 458 家电台。没有迹象表明，传播对心智的这种轰炸今后不会愈演愈烈。一份周日版《纽约时报》仍然包含 50 万个词左右。

像《纽约时报》这种大都市报的周日版就可能包含了 50 万个词。以平均每分钟 300 个词的阅读速度计算，大约需要 28 个小时才能全部看完。这样一来，不仅你的星期天泡汤了，而且还要搭上一周的其他时间。

又有多少信息能够被接收呢？

以电视——一种问世不到 30 年的媒体为例。电视虽然影响巨大、无处不在，但是并没有取代广播、报纸或杂志。相反，这三种传统媒体比以往任何时候都要传播更广、影响更大。

电视是一种让人上瘾的媒体，而且带来的传播量惊人。

98% 的美国家庭至少拥有一台电视机（1/3 的家庭拥有 2 台或更多）。

96% 的拥有电视机的家庭，能够收到 4 个以上的电视频道（1/3 的家庭能够收到 10 个以上）。

美国家庭平均每天收看电视的时长为 7 个小时 22 分钟（即平均每周超过 51 个小时）。

像电影画面一样，电视画面其实是每秒钟变换 30 次的静止画面，也就是说，美国家庭平均每天要看大约 795 000 张画面。

烦死人的不单有画面，还有文件。就拿办公室走廊里的施乐复印机来说吧，美国公司现在手头上的文件总数已超过 3240 亿份，并且逐年递增 720 亿份（光打印这些文件的费用每年就要 40 多亿美元）。

五角大楼中的复印机，每天要复印 35 万页文件用以在国防部分发，相当于 1000 本厚厚的长篇小说。

"'二战'的结束，"陆军元帅蒙哥马利曾说过，"要等到参战国的纸张都用完的那一天。"

再看看产品包装，一盒 8 盎司[⊖]的 Total 牌早餐麦片的外包装上包含 1268 个词。此外，此品牌的麦片还免费赠送一本营养小册子（这里面又包含 3200 个词）。

尽管个人电脑已在美国公司迅速普及，但我们仍然被淹没在纸张的海洋里。办公室职员每年人均消耗 110 多千克复印纸。"无纸化办公"似乎还很遥远。

心智遭受信息轰炸的形式还有很多种。美国国会每年通过约 500 项法律（这已经够糟的了），但是行政监管部门同时还会颁布约 10 000 条新的条款和法规。

2001 年，美国联邦法规（CFR）就有 8 万多页，而且正以每年 5000 页的速度增厚。

在州一级，每年要提出超过 25 万项法案，其中 2.5 万项通过立法程序，然后消失在法律的"迷宫"里。

立法者接连不断地颁布成千上万条法律，让人应接不暇。即使你能跟得上，也不太可能记得住各州法律的区别。

如此源源不断的海量信息，谁能读完或听完呢？

⊖　1 盎司 =28.3495 克。——译者注

在通往心智的"高速公路"上，交通堵塞，人们的火气就像过热的引擎一样，在不断升温。

布朗、康纳利和雪佛兰

在20年里，大多数人对杰里·布朗的了解只多了一点：他现在是加州奥克兰市的市长。

你对加州州长杰里·布朗（Jerry Brown）了解多少？

大多数人只知道四件事：他年轻；他一表人才；他和琳达·朗丝黛（Linda Ronstadt）约会过；他反对大政府。

尽管新闻媒体对这位加州领导人大肆报道，甚至一年内出版了四本有关他的书，但是并没有给世人留下多少印象。

除了你所在州的州长，其他49个州的州长你能叫出名字的有几个？

在1980年的总统大选初选中，来自得克萨斯州的约翰·康纳利（John Connally）花了1100万美元才获得一张选票，而名不见经传的约翰·安德森（John Anderson）和乔治·布什（George Bush）却获得了好几百张选票。

康纳利的问题出在哪里？人人都知道他独断专行。"这个认知太根深蒂固了，"他的竞选顾问说，"这一点我们无法改变。"

这样看来，在一个传播过度的社会里，传播

有难度不完全是件坏事。在很多情况下，没有传播，反而对你更加有利，至少在你做好长远定位打算之前。因为一旦第一印象建立了，你将再没有机会改变它。

以下这些名字对你有何意义：科迈罗（Camaro）、凯普瑞斯（Caprice）、谢韦特（Chevette）、康克（Concours）、克尔维特（Corvette）、英帕拉（Impala）、迈锐宝（Malibu）、蒙特卡洛（Monte Carlo）、蒙扎（Monza）和维加（Vega）？

都是汽车车型，对吧？如果说这些都是雪佛兰的车型，你会惊讶吗？

雪佛兰汽车是世界上做广告最多的产品。最近有一年，通用汽车公司投入 1.3 亿多美元在美国推广雪佛兰汽车，也就是平均每天花费 35.6 万美元，平均每小时花费 1.5 万美元。

可是关于雪佛兰你了解多少？它的引擎、变速箱或轮胎是怎样的？座椅、内饰和方向盘又是怎样的？

说实话，你到底熟悉多少款雪佛兰车型？你了解各款车型的差异吗？

"棒球、热狗、苹果派和雪佛兰。"⊖在传播过度的社会中，问题的唯一解决之道就是雪佛兰

Camaro
Cavalier
Corvette
Impala
Lumina
Malibu
Metro
Monte Carlo
Prizm

这 9 款雪佛兰 2000 年车型的知名度，可能比它 1972 年 10 款车型的还低。正因为这些名字含糊难辨，使得雪佛兰落于福特之后，屈居第二。

⊖ 这是雪佛兰 20 世纪 60 年代在美国的著名广告语，指出雪佛兰作为美国最受欢迎的汽车，已成为美国人的典型生活方式的一部分。——译者注

式的答案。[○]换句话说，要想穿越交通堵塞的心智"高速公路"，你必须采取极度简化的方式。

从表面上看，本书所提供的方法也许会骇人听闻，甚至有些不道德（幸好不是非法或无效的）。但是要想穿过拥挤的传播渠道，你必须运用定位的方法。

在美国，将近一半的工作都可以被归为信息类职业。事实上，没有人能够逃脱传播过度的社会对我们所造成的深刻影响。

其实，任何人都可以学习定位，并将它应用到自己的生活和工作当中去。

媒体暴增

信息不断流失的另一个原因，是我们为满足传播的需要发明了太多媒体。

我们有电视，包括商业电视、有线电视和付费电视。

我们有广播，包括中波和调频。

我们有户外广告，包括海报和广告牌。

我们有报纸，包括早报、晚报、日报、周报和周日报。

谁都无法预测未来。如今，互联网已成为媒体家族中的新成员。我们认为，它将会是所有媒体中最了不起的一员，对人们生活的影响也将最大。

○ 作者的意思是消费者对品牌的认知是极其有限的，因此品牌的传播应该集中到有限的信息上。就像雪佛兰的这则广告，不去谈车型的具体特点，只突出了雪佛兰是美国最受欢迎的汽车。——译者注

我们有杂志，包括大众杂志、专业社会杂志、发烧友杂志、商业杂志和行业杂志。

当然，还有巴士、卡车、有轨电车、地铁以及出租车。总之，任何能够移动的物体，如今都带有"赞助商的信息"。

甚至人的身体也成了移动广告牌，为阿迪达斯（Adidas）、古驰（Gucci）、璞琪（Pucci）和歌莉亚·温德比（Gloria Vanderbilt）等品牌做广告。

现在甚至有人试图把广告贴到公共浴室的门上。

再以广告为例，"二战"结束后不久，美国每年人均广告消费额约为 25 美元。如今，这一数字是原来的 8 倍（尽管这一增长有通货膨胀的因素，但广告量也确实有了大幅提升）。

可是你对所买产品的了解也增长了 8 倍吗？你也许接触了更多广告，但你的心智接收的并不比过去多。心智的容量有限，即使是每年人均 25 美元的广告量也早已超出负荷。你脖子上那个不到一升的"容器"，就只能装下这么多了。

产品开发：29%
战略规划：27%
公关：16%
研发：14%
财务战略：14%
广告：10%
法务：3%

美国每年人均 200 美元的广告消费，是加拿大的 2 倍、英国的 4 倍、法国的 5 倍。

虽然不会有人质疑广告主投放广告的财力，但是消费者的心智能否全盘接受是个问题。

每天，成千上万条广告信息想要在潜在顾客的心智中占据一席之地。毫无疑问，心智就是战场。广告战就在这 15 厘米宽的大脑里打响，而且战争残暴，毫不留情。

广告量激增所造成的后果之一，就是广告效果减弱，而公关作为一种营销手段越来越被广泛使用。美国广告联合会（AAF）针对 1800 名高管展开的一次关于企业各项职能重要性的调查表明，公关比广告更受重视。

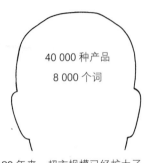

40 000 种产品
8 000 个词

20 年来，超市规模已经扩大了很多。一家普通超市就能陈列约 40 000 种产品或品牌。相形之下，一个普通人的口语词汇量只有 8 000 个。

项目	20 世纪 70 年代	20 世纪 90 年代
菲多利薯片种类	10	78
软饮料品牌	20	87
牙线	12	64
软件名称	0	250 000
跑鞋	5	285
隐形眼镜种类	1	36
瓶装水品牌	16	50
女士裤袜种类	5	90

请从产品暴增的角度思考这些数字。

广告行业十分残酷，犯错误的代价巨大。好在从广告战中，我们已经总结出了一些原则，可以帮助人们应对这个传播过度的社会。

产品暴增

造成信息不断流失的另一个原因，是我们为满足生理和心理的需要发明了太多产品。

以食品为例，美国一家普通超市陈列的产品或品牌就有约 10 000 种，这让消费者眼花缭乱。实际上，产品暴增将愈演愈烈。欧洲人已经在筹建超级大市场（即"超大型超市"），可以陈列 30 000 ~ 50 000 种产品。

包装产品行业显然已预计到产品将继续激增。大部分包装盒上都印有 10 位数字的条形码（美国的社会保险号码只有 9 位，而且这个系统是用来管理 2 亿以上人口的）。

制造业的情况也一样。例如，从托马斯注册公司登记在册的 8 万家公司里随便挑两个行业看看：离心泵的生产商有 292 家，电子控制器的制造商有 326 家。

美国专利局注册在用的商标大约有 45 万个，而且每年还会新增 2.5 万个（还有几十万种产品都是没有商标的）。

在通常的一年里，美国纽约证券交易所上市

的 1500 家公司要推出 5000 种所谓"重要的"新产品。想必不重要的新产品的数量还要比这个数字大得多，更不用说另外 400 万家美国公司营销的成百上千万种产品和服务了。

以香烟为例，目前市场上有超过 175 个品牌（一台可容纳所有这些香烟品牌的自动售货机得有 9 米多长）。

多亏美国食品药品管理局（FDA）对药品的批准有严格的规定，市场上处方药的种类才增加不多。真正的"暴增"发生在非处方药市场上，如今，竟然有 50 多种"泰诺"。

再以药品为例，美国市场上约有 10 万种处方药。尽管其中多数为专用药，并且仅供专科医生使用，但是对普通医生来说，要想了解市面上其他大量的药品，仍是一项艰巨的任务。

艰巨吗？不，这简直就是一项不可能完成的任务。即使是赫拉克勒斯（Hercules）⊖，也记不住这些药品中的一小部分。哪怕最聪慧的心智也是容量有限的，奢求让人记住更多，就是完全无视这一规律。

那么，普通人又当如何应付产品和媒体暴增呢？应付不了。对人脑敏感度的研究证实了一种"感觉超负荷"现象的存在。

科学家发现，一个人只能接收有限的感觉。一旦超过某一临界点，大脑就会一片空白并且无法正常运作（牙科医生巧妙地运用了这些发现，他们给病人戴上耳机，将音量调大，直到病人失去痛觉）。

⊖　赫拉克勒斯，希腊神话中天神宙斯之子，完成了 12 项"不可能完成的任务"。——译者注

广告暴增

讽刺的是，随着广告效果的减弱，广告的应用反而增加了。这不仅表现在广告量上，还表现在广告主的数量上。

医师、律师、牙医、会计师都开始做广告了，甚至连教堂和政府这类机构也开始做广告了（1978 年，美国政府的广告开支为 128 452 200 美元）。

这些专业人士曾认为做广告有失他们的身份，但是对于一些专家而言，收入比尊严更重要。于是，为了提高收入，医生、律师、牙医、验光师、会计师和建筑师都开始推销自己了。

现在已经出现了大量律师做的广告（比如，受害者可拨打 1-800 诉讼热线）和会计师做的广告（如安达信）。不过，联邦医疗保险、医疗补助计划和税法使得医疗领域的自由竞争越来越少⊖。

他们同样面临比以往更激烈的竞争。10 年前，美国有 132 000 名律师，如今有 432 000 名。这多出的 300 000 名律师都在四处招揽业务。

医疗行业同样如此，我们这个传播过度的社会也成了一个"医疗过度"的社会。据美国国会技术评估管理局统计，在 21 世纪末，美国约有 185 000 名医生过剩。

那么，这些医生如何才能找到病人呢？当然是靠广告了。

但是，反对做广告的专业人士说广告贬低了

⊖　也就无须做广告了。——译者注

他们的专业。确实如此。想要广告有效，你就必须放下架子，脚踏实地。你必须顺应潜在顾客的心智规律。

在做广告时，自尊与骄傲都会导致毁灭，狂傲自大者必将一败涂地。

在华尔街源源不断的资金支持下，网络公司纷纷涌入传媒业。

POSITIONING

第 3 章
03

进 入 心 智

在传播过度的社会，传播反而更重要了。有效的传播，使一切皆有可能。缺乏有效传播，即使你才华横溢、雄心万丈，也会一事无成。

所谓幸运，常常是传播成功的结果。

成功的传播，是要在恰当的时机对恰当的人说恰当的话。

定位是一套系统的、寻找心智空位的方法。它建立在传播需要恰当的时机和场景的观念之上。

容易进入心智的做法

成为第一是进入心智的捷径。问你自己几个简单的问题，就可以证明这一原则是否可信。

第一个单独驾驶飞机飞越北大西洋的人是谁？查尔斯·林德伯格（Charles Lindbergh），对吧？

那么，第二个人是谁？

不好回答了吧？

第一个在月球上漫步的人是谁？当然是尼尔·阿姆斯特朗（Neil Armstrong）。

第二个人呢？

世界第一高峰是哪座？喜马拉雅山的珠穆朗玛峰，对吧？

第二座呢？

你的初恋情人是谁？第二位呢？

占据你心智的第一个人、第一座高峰和第一家公司是很难从记忆中抹掉的。

举例来说，柯达相机、IBM 电脑、施乐复印机、赫兹租车、可口可乐和通用电气。

柯达
IBM
施乐
赫兹
可口可乐
通用电气

这些品牌的共同之处是什么？它们都是所属品类中第一个进入心智的品牌。时至今日，它们仍然是各自品类的领导品牌。"第一胜过更好"是迄今为止最有威力的定位观念。

要想"在心智中留下难以磨灭的信息"，你首先需要的根本不是信息，而是一个纯洁的心智，一个未被其他品牌占领的心智。

商业上成立的原理在自然界中也同样成立。

动物学家用"印刻现象"来描述新生动物第一次见到生母时的情景。仅需几秒钟，幼小的动物就能永远记住母亲的形象。

你也许觉得所有的鸭子看起来都一样，然而，不管你怎么打乱鸭群，即使是刚出生一天的鸭宝宝，也总能认出它的妈妈。

不过，也不全对。假如印刻过程中鸭妈妈被一条狗、一只猫，甚至是一个人所替代，那么，鸭宝宝就会把对方当作自己的生母，不管它们长得有多不一样。

坠入爱河的现象也类似。尽管人类比鸭子更会挑选，但他们远不如你所想象的那样会进行严格的挑选。

最重要的是可接纳性，双方一定要在彼此都能接纳对方的情况下相遇，两个人的心智中都还有空位，也就是说，双方都还没有深爱着其他人。

婚姻作为人类的一项制度，建立在"第一"胜过"最好"的观念上。商业也是同样的道理。

假如你想在爱情或者商业上取得成功，就必

须认识到第一个进入心智的重要性。

在超市中建立对于品牌的忠诚度，和在婚姻中建立对于配偶的忠诚度是一样的。你要成为第一，然后留心别给对方移情别恋的理由。

难以进入心智的做法

如果你的名字不是查尔斯、尼尔、舒洁（Kleenex）或赫兹呢？如果别人已经抢先进入潜在顾客的心智中呢？

第二是很难进入心智的，它将一无是处。

所有出版书中最畅销的是哪一本（而且也是欧洲第一本使用活字印刷的书）？当然是《圣经》。

第二大畅销书呢？谁知道？

纽约是美国最大的货运港口。但是，第二大货运港口是什么？你相信是弗吉尼亚州的汉普顿港吗？没错，就是它。

第二个独自飞越北大西洋的人是谁？［本书作者确实也很想知道这个问题的答案。为节省诸位的邮资，提醒你们：阿梅莉亚·埃尔哈特（Amelia Earhart）不是第二个独自飞越北大西洋的人，但她是第一个完成此举的女性。那么，第二个女性又是谁呢？］

假如你没有第一个进入潜在顾客的心智（无论是个人、政界，还是商界），就会遇到定位上的

伯特·辛克勒（Bert Hinkler）是第二个独自飞越大西洋的人。可是说实话，你听说过他吗？自从他离家后，他的母亲就再也没有他的消息了。伯特，打个电话回家吧，你妈妈正为你担心呢。［顺便说一句，第二个独自飞越大西洋的女性是柏瑞尔·马卡姆（Beryl Markham），同样鲜为人知。］

难题。

在体育竞赛中，机会青睐最快的赛马、最强的团队和最好的选手。达蒙·鲁尼恩（Damon Runyan）曾说过："比赛并非总是最快的人拿第一，战争也不一定是强者获胜，然而这就是下赌注的方式。"

心智竞赛则不同。在心智之战中，机会青睐进入潜在顾客心智的第一个人、第一款产品和第一位政治家。

在广告上，第一款建立定位的产品拥有绝对的优势。比如，施乐、宝丽来（Polaroid）⊖、Bubble Yum ⊜。

做广告时，如果你的产品是你所在领域里最出色的，那最好不过。但是，第一个进入心智胜过拥有最出色的产品。

第二也能成功。看看这些挑战老大们的第二品牌吧：佳洁士 vs. 高露洁、富士 vs. 柯达、安飞士 vs. 赫兹、百事可乐 vs. 可口可乐。第三、第四面临的问题最严重。

第二次谈恋爱或许挺美妙的，然而，没有人会关心谁第二个单独飞越了北大西洋，即便此人的飞行技术更好。

对于第 2 名、第 3 名，甚至第 203 名，本书也有相应的定位战略来化解它们的困局（详见第 8 章）。

但是，首先你得确认已经找不出能够成为第一的领域了。

成为小池塘里的大鱼（然后扩大池塘）总好

⊖　美国相机品牌。——译者注
⊜　泡泡糖的一个品牌。——译者注

过成为大池塘里的小鱼。

广告界的教训

广告界好不容易从林德伯格身上吸取了教训。20 世纪 60 年代广告业的景象正和 20 世纪 20 年代的股票市场一样，被人们称之为"激情澎湃的 60 年代"。

尽管只维持了一段时间，20 世纪 60 年代令人兴奋的"万物登场"的那些年是一场营销狂欢。

在那次狂欢中，人人蜂拥而上，几乎没人会想到失败。企业认为只要有充足的资金和人才，任何营销项目都能成功。

20 世纪 60 年代的那些失败案例仍历历在目。例如，杜邦公司的可发姆（Corfam）人造皮革、加布林格（Gablinger's）啤酒、康维尔（Convair）880 飞机、沃特（Vote）牙膏、安迪（Handy Andy）吸尘器。

世界回不到过去，广告业也是如此。

一家大型消费品公司的董事长最近说："在过去两年里，在全国范围内获得成功的新品牌屈指可数。"

其实，很多公司都曾努力推出过新品牌。每家超市的货架上，都塞满了大量的"半成功"品

阿梅莉亚·埃尔哈特是第三个独自飞越大西洋的人，但那不是她出名的原因。她出名是因为她当了"第一"，也就是说，她是第一个完成此举的女性。"如果你不能在某一品类中争得第一，那么就开创一个你可以成为第一的新品类，"这是第二个最有效的定位观念。

牌。这些同质化产品的制造商都把希望寄托在"出色的"广告宣传活动上，并期望能够借此让自己的品牌脱颖而出。

同时，这些公司还坚持不懈地推出优惠券、打折以及终端陈列等促销活动，可利润仍无提升。即使有了那种"出色的"广告宣传活动，也未能使品牌扭转乾坤。

难怪企业管理层对提出的广告方案将信将疑。此外，他们不去寻找提高广告效果的新方法，反而处心积虑地想降低当前成本，于是便兴起了自建广告公司、媒介购买服务和用产品置换广告等做法。

这就足以迫使一个广告人转行去卖冰激凌了。

市场上的混乱反映了一个事实，那就是广告业过去的做法已经失效。但是，老一套的做法没有那么容易消亡。因循守旧的人会说："只要有好产品、周全的计划，加上富有创意的广告片，广告没有理由不能发挥作用。"

然而，他们忽略了一个重大的根本因素，那就是市场本身。现在市场上的噪声实在太大了。

在如今这个传播过度的社会中，过去传统的信息制作方式是不会成功的。

回顾近代传播史，将有助于了解我们是如何走到今天的。

产品时代

20 世纪 50 年代，广告业处于产品时代。从多个方面来看，那都是一段美好的时光，你只需要一个"更好的捕鼠器"（产品）和少量的推广资金。

那时，广告人把注意力集中在产品特性及顾客利益上。他们寻求的是罗瑟·瑞夫斯（Rosser Reeves）所称的"独特卖点"（unique selling proposition, USP）。

　　然而在 20 世纪 50 年代末期，科技的弊端开始显现。⊖建立"独特卖点"变得日益困难。

　　随着大量的同质化产品涌入市场，产品时代结束了。你的产品很快会被另外两个类似的产品跟进，并且它们都声称比第一个更好。

　　竞争不但激烈，而且缺乏诚信。情况如此糟糕，一个产品经理曾无意间抱怨道："不瞒你说，去年我们没什么可说，只能在包装上写上'新升级'。今年研发人员提出了真正的改良产品，我们真不知道该说什么好了。"

　　如今，联邦贸易委员会（FTC）不允许"新升级"这种说法，除非企业能够自圆其说。

"独特卖点"可以通过其他方法建立。详情参见《与众不同》（*Differentiate or Die*）⊜。

形象时代

　　接下来是形象时代。许多成功的公司发现，声誉或形象比任何明确的产品特性都更有利于产品销售。

　　形象时代的建筑大师是大卫·奥格威。他在一次著名的同名主题演讲中说道："每一则广告都是对品牌形象的长期投资。"他在哈撒韦衬衫（Hathaway）、劳斯莱斯汽车（Rolls-Royce）、怡泉

20 世纪 50 年代，广告人得先设法找到能打动市场的产品特性或相关利益，然后依赖大量广告将其打入心智。

　　⊖　新产品很快被其他商家模仿。——译者注
　　⊜　该书中文版已由机械工业出版社出版。——译者注

20世纪60年代，广告人发现公司声誉或形象比任何单一的产品特性都重要。

汽水（Schweppes）及其他产品上，证明了其观点的有效性。

然而，正如跟风产品终结了产品时代一样，跟风公司也毁灭了形象时代。当每一家公司都试图为自己创建声誉时，市场噪声之高，以至于没有几家公司能够脱颖而出。

靠声誉或形象成功的品牌，主要依靠杰出的技术成就，而非杰出的广告。施乐和宝丽来就是这样的例子。

定位时代

如今，广告业显然已经进入了一个新时代。在这个时代里，创意不再是广告成功的关键。

20世纪六七十年代的轻松愉快已经让位于80年代的残酷现实。

要想在传播过度的社会里取得成功，企业必须在潜在顾客的心智中创建一个定位。这个定位不仅需要考虑企业自身的强势和弱点，而且要考虑竞争对手的强势和弱点。

广告业正进入一个战略为王的时代。在定位时代，发明或发现某一事物并不够，甚至没有必要。但是，你必须第一个进入潜在顾客的心智。

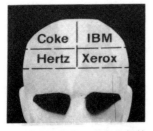

20世纪70年代，广告人很快采用了定位战术，也就是在潜在顾客心智中寻找一个还未被其他品牌占据的定位。

电脑是Sperry-Rand公司而非IBM发明的，

然而，IBM 是第一家在潜在顾客心智中建立电脑定位的公司。

阿美利哥的发现

15 世纪的"Sperry-Rand 公司"可以说恰如克里斯托弗·哥伦布（Christopher Columbus）。

我们都知道，这个发现美洲新大陆的人所获得的报酬少得可怜。哥伦布的错误在于为寻找黄金而对他的发现守口如瓶。

阿美利哥·维斯普西（Amerigo Vespucci）[⊖]的情况则不同。他就像 15 世纪的 IBM。他虽然比哥伦布晚了 5 年抵达美洲，但做对了两件事。

第一，他把发现的新世界定位为独立的大陆，完全区别于亚洲大陆。这在当时引起了地理学上的一次革命。

第二，他大量写作以宣扬自己的发现和理论。尤为重要的是他在第三次远航时写的五封信，其中一封（信中提及"新世界"）在 25 年间被翻译成了 40 种文字。

在去世之前，他被授予西班牙公民称号，并被赐以高官厚禄。

结果，欧洲人认为是阿美利哥·维斯普西发

广告业没用多久就加入了定位的大潮。我们在《广告时代》上发表定位文章一个月后，英国就出现了以上这则广告。当然，没人把功劳算在我们头上。

现了美洲新大陆，并以他的名字来命名。

哥伦布则死于狱中。

米狮龙的发现

过去那些伟大的广告撰稿人都到天堂里的大广告公司高就去了，如果他们能看见今天的某些广告宣传，准会再死一回。

以啤酒广告为例。过去，啤酒广告撰稿人会仔细了解产品，为文案写作寻找背景资料。他们会发现产品的特点，比如皮尔斯（Piels）的"真正的纯生啤酒"以及百龄坛（Ballantine）的"低温酿造"。

甚至更早一些时候，啤酒广告撰稿人寻找的是能够清晰描绘出产品的质量、滋味和口感的恰当措辞。例如：

米狮龙不是第一个进入啤酒消费者心智的高价品牌。捷足先登的是喜力。于是米狮龙采用了阿梅莉亚·埃尔哈特的战略。喜力是美国第一个进口高价啤酒品牌，而米狮龙则是美国第一个国产高价啤酒品牌。不幸的是，米狮龙转向"夜晚属于米狮龙"，放弃了"第一流"的说法。这太糟糕了。原本它有可能跻身排名前二或前三的美国国产最畅销啤酒品牌。

宛如啤酒花之吻。

来自蓝天碧水之乡。

淡啤酒隽永。

然而，如今广告中的诗意，已经和诗歌一样，几乎绝迹了。

近年来最成功的广告之一是米狮龙啤酒的广告宣传。这个品牌的广告宣传和停车标志一样没有诗意，但是和停车标志一样非常有效。

"第一流就是米狮龙"将此品牌定位成高价美国啤酒。仅短短数年,米狮龙已成为美国销量最大的啤酒之一,而且售价颇高。

米狮龙是第一款高价位美国啤酒吗?当然不是。但是,米狮龙是第一个在啤酒消费者心智中建立这一定位的品牌。

米勒的发现

请注意,喜立滋(Schlitz)啤酒那句著名的广告语中蕴含的诗意是如何掩盖定位的:"淡啤酒隽永"。

在你家附近的酒吧和烤肉馆中,有谁会相信喜立滋比百威(Budweiser)或蓝带(Pabst)啤酒更淡?谁也不会。对于喜欢喝啤酒的顾客而言,喜立滋的广告语就如同意大利歌剧的歌词一样难懂。

然而,米勒啤酒公司内部显然已经考虑过,假如真的把一款啤酒定位为淡啤会怎样。

因此,米勒公司推出了莱特啤酒(Lite beer)。它的迅速成功催生了大量同质化品牌,讽刺的是,其中也包括喜立滋淡啤。或许喜立滋可以这样宣传:"淡淡啤酒隽永"。

现在,对于许多人或产品来说,有一条通往

光有定位还不够。莱特啤酒是成功定位的出色案例,但在法律上遇到了一场灾难。米勒啤酒公司发现不能在啤酒品类中合法拥有"淡"(light)这个通用名称,因而只能把"莱特"(Lite)啤酒更名为"米勒莱特"(Miller Lite)⊖,以区别于市场上其他几十种淡啤。米勒的教训是:不要给你的品牌起通用名称。后来,米勒公司又推出了"真正纯生淡啤"和"米勒莱特冰啤"等其他淡啤,结果把淡啤品牌搞乱了。现在百威淡啤处于第一的位置。

⊖ 英文中 lite 同 light 发音相同,因此听到这个发音,无法区别是指莱特品牌还是淡啤品类,所以只能改为米勒莱特,相当于变成了米勒淡啤。——译者注

贝克啤酒后来成了"美国最受欢迎的德国啤酒"，这帮助它稳占进口啤酒的领先地位。不幸的是，作为德国啤酒，"贝克"这个名字听上去像英国名字，而荷兰啤酒"喜力"却因为起了一个德国名字而走运。品牌名称和它的定位一样重要，甚至可能更重要。

成功的通路是看看你的竞争对手正在做什么，然后把他们广告中阻碍信息进入心智的诗意或创意去掉，换成精炼和简化的信息用在自己的广告中，就能打入潜在顾客的心智。

例如，有一种进口啤酒的定位战略如此简明清晰，以至于从前的那些啤酒广告撰稿人甚至不太可能接受这样的广告语：

你已经尝过在美国最流行的德国啤酒了，现在尝尝在德国最流行的德国啤酒吧。

这就是贝克啤酒针对卢云堡（Lowenbrau）啤酒给自己建立的有效定位。这则广告使贝克啤酒在美国也流行开来，其销量逐年递增。相反，卢云堡啤酒放弃了斗争，变成了一个国产品牌。

如果老一辈广告人对现在的啤酒广告感到迷惑不解的话，那么他们又将如何看待环球航空公司（TWA）的宣传："我们只有大家最喜欢的宽体客机——波音747和L-1011。"（换句话说，没有DC10型客机。）

相比传统的航空公司广告，比如"在美联航的友好天空中飞翔"，环球航空公司的广告无论在观念上还是执行上都差异巨大。

美国广告界正在上演着奇特的一幕，它正变得格外不友好，却更有效。

第 4 章

04

心智中的小阶梯

我们对心智的研究越深入，就越会发现心智与电脑存储器之间有更多的相似性。要想使一个新品牌进入心智，就得删除或重新定位已经占领品类的老品牌。电脑的运行方式也完全相同。

为了更好地了解信息传递的难度，让我们深入研究下传播的终极目的地——人的心智。

心智就像电脑的内存条一样，为选择存储的每一个单位的信息都设置了一个空位。在运作上，心智和电脑很像。

然而，有一个重要的不同点，那就是电脑会接受你所输入的一切信息，而心智不会。事实上，恰恰相反。

针对现在的海量传播，心智有一套防御机制：它会拒绝那些"运算"不了的信息，而只接受与心智现状相符的新信息，并过滤掉其他一切信息。

见你所想见

试想下，任意拿出两张抽象画，一张签上"施瓦茨"（Schwartz），另一张签上"毕加索"（Picasso），然后征询别人的意见。你看到的是你想看到的。

又或者，请两位观点相左的人（比如，一位民主党人和一位共和党人）阅读一篇话题有争议的文章，然后询问这篇文章是否改变了他们各自的看法。

你会发现，民主党人从文章中找出了支持某种观点的事实，而共和党人则从同一篇文章中找出了支持相反观点的事实。他们的心智几乎没有发生任何改变，事实上，你看到的是你想看到的。

　　假如把一瓶嘉露⊖倒进一个原来装有法国勃艮第 50 年陈酿葡萄酒的空瓶里，然后缓缓倒入朋友面前的酒杯中，请他品尝。

　　你尝到的是你想尝到的。

　　在香槟盲测会上，加利福尼亚的品牌往往胜过法国品牌。但是，如果贴上标签，则不可能发生这种事。

　　你尝到的是你想尝到的。

　　否则，广告就根本没有存在的必要了。假如普通消费者都很理性而非感性的话，就不会有广告了，至少不会像我们今天所知道的那样。

　　任何广告的首要目标都是提高人们的期望，也就是营造一种幻觉，使消费者相信该产品或服务能够带来他们所期望的奇迹，而且立竿见影。

　　然而，若建立的期望是相反的，产品就会陷入困境。加布林格啤酒的上市广告就给人这种感觉：因为是减肥产品，所以口味一定不怎么样。

　　毫无疑问，广告生效了！人们尝过这种啤酒之后，很容易就相信它的口味不好。你尝到的是你想尝到的。

"你尝到的是你想尝到的。"在我们写下这句话 13 年后，可口可乐公司推出了"新可乐"（New Coke），结果造成了一场重大的营销灾难。该公司的调研表明试图"改进"正宗货的口味有多愚蠢。在盲测时，喜欢"新可乐"的人与喜欢原配方的人的比例几乎是 3:1。但是，当他们看到标签时，情况发生了逆转，喜欢原配方（即现在的"经典可口可乐"）的人是喜欢"新可乐"的人的 4 倍多。

　　⊖　Gallo，美国著名葡萄酒品牌。——译者注

心智容量有限

人类的心智不仅排斥与以往知识或经验不相符的信息，而且也没有足够的知识或经验来处理这些信息。

在我们这个传播过度的社会中，心智就像一个容量完全不足的容器。

根据哈佛大学心理学家乔治·米勒（George A.Miller）博士的研究，普通人的心智不能同时处理七个以上单位的信息。这也是为什么必须牢记的事项通常只有七个，比如七位电话号码、七大世界奇迹、七张牌梭哈以及白雪公主与七个小矮人等。

询问某人某一品类的所有品牌名称，很少有人能说出七个以上，即便是人们非常感兴趣的品类。至于兴趣度低的品类，一般消费者通常只能说出一两个品牌而已。

试着说说《圣经》里的"十诫"，要是觉得太难的话，那就说说癌症的七种危险信号，或者《圣经·启示录》中的四位骑士⊖。

一份报纸上的调查显示，80%的美国人说不出美国总统内阁成员中任何一位的名字。一位24岁的音乐家说："我甚至连副总统的名字都不

"魔力数字七"是米勒博士刊登在《心理学报》1956年3月刊上的文章的标题。文中列举了一些与"七"有关的常见事例，如七个音阶和一周七天等。

如今，你要记住报警电话、社会保险、电子邮件、传真、名片和密码所包含的各种号码。数字正在蚕食文字的空间。

⊖　《圣经·启示录》中记载，世界毁灭之时，将有骑着红、绿、黑、白四匹马的骑士，带给人类战争、饥荒、瘟疫和死亡。——译者注

知道。"

如果我们的心智容量小到连这些问题都无法应对，那又怎么记得住那些像兔子一样大量繁殖的品牌名称呢？

30 年前，6 家大型烟草公司向美国烟民销售的香烟品牌只有 17 种，如今则有 176 种。

"型号热"席卷了各个行业，从汽车到啤酒再到照相机的变焦镜头，无所不包。底特律目前销售的汽车有近 300 种不同的型号，样式和尺寸之多，令人眼花缭乱，如翼虎（Maverick）、蒙那卡（Monarch）、蒙特哥（Montego）、蒙扎（Monza）等。这里的 Monza 是雪佛兰的车型，还是水星⊖的车型？消费者糊涂了。

为了应付这种复杂的局面，人们学会了把一切简化。

当被问及子女的学习情况时，人们通常不会提及词汇量多少、阅读理解或者算术能力怎样等，而一般会回答："现在上初中了"。

人们通常更容易记住定位概念，而不是名字。一个脑部受损的人可能可以辨认并称他的大女儿为"大女儿"，虽然他可能无法想起大女儿的名字。

这种对人、物、品牌的排序，不仅方便管理，而且对于应付生活的复杂性也是绝对有必要的。

目前已有超过 1000 万个网站、25 万个软件名称和近 400 万个书籍名称。每年还要增加 7.7 万个新书名（本书至少还是个旧书名）。

作为美国唯一一个只有单一型号的汽车品牌，Saturn 取得了巨大的成功。有好几年，Saturn 汽车经销商的平均销量超过了任何其他汽车品牌的经销商。那么，接下来他们做了什么？你猜猜看。他们推出了一个更大的型号——"L"系列，即"来自 Saturn 的下一个大家伙"。

⊖　福特汽车的中档品牌。——译者注

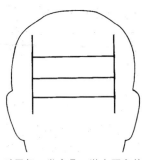

对于每一类产品，潜在顾客的心智中差不多都有一个这样的梯子：市场领导者在最顶层，第二名在第二层，第三名则在第三层。梯子的层数各异，三层最为常见，七层可能是最多的了（七定律）。

有一类产品的阶梯没有层级——棺材。人们根本不想记住任何棺材品牌名，尽管市场上有一个领导品牌——贝茨维尔（Batesville）。

产品阶梯

为了应对产品暴增，人们学会了在心智中给产品和品牌排序。

最直观的方法就是想象心智中有一个个阶梯，每个阶梯代表一个产品品类，阶梯上的每一层都有一个品牌名字。

有些梯子有很多层（七层算很多了），其余的梯子只有两三层，甚至是空的。

一个竞争者如果想要增加市场份额，必须要么挤掉产品阶梯上位于它上面的品牌（通常，这是不可能完成的一项任务），要么想办法把自己的品牌同其他公司品牌的定位关联起来。

然而，太多公司在规划营销和广告活动时，都对竞争对手的定位视若无睹。它们就好像在真空中做广告，而且一旦发现自己的信息传播无效就会感到失望。

如果心智阶梯上排在上面的品牌地位稳固，在没有采取定位战略的情况下，排在下面的品牌要想在阶梯上往上移是极为困难的。

广告主如果想要推出一个新品类，就必须在心智中带出一个新阶梯。这也很困难，尤其当这个新品类没有针对老品类加以定位时。心智没有空间接受不同的新事物，除非与旧事物有所关联。

所以，如果你有一个全新的产品，告诉潜在

顾客该产品不是什么，往往要比告诉他们是什么有用。

例如，第一辆汽车被称为"不用马拉"的车，这一名称便于普通大众针对当时已有的交通工具为汽车这一概念定位。

像"场外"赛马赌博、"无铅"汽油、"无内胎"轮胎这些名称都是新概念针对老概念定位的绝佳例子。

"针对性"定位

在如今的市场上，竞争者的定位和你自己的定位同等重要，有时甚至更重要。定位时代早期的成功案例就是安飞士那则著名的广告。

作为"针对性"定位的经典案例，安飞士广告将在营销史上流芳百世。安飞士针对市场领导者建立了自己的定位。

"安飞士在租车行业只是第二，那为什么还找我们？因为我们工作更努力。"

安飞士连续亏损了 13 年，但自从它承认自己第二以来，就开始盈利了。

第一年，安飞士赚了 120 万美元；第二年，赚了 260 万美元；第三年，赚了 500 万美元。然后，这家公司被卖给了国际电话电报公司（ITT）。

安飞士的收益之所以能够有实质性的提高，

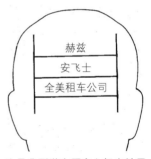

这是典型潜在顾客心智中关于租车的阶梯。即使选择安飞士或全美租车公司（National Car Rental）的顾客，心智中的阶梯通常也是一样的。人们选择安飞士租车，不是因为该公司在心智里的租车阶梯上排第一，而是已经承认了它不是领导者。"为什么还选我们？因为我们工作更努力。"

另外，赫兹通过提醒顾客自己是第一而获得了良好的发展。"赫兹的体验，别人做不到"（There's Hertz and there's not exactly）。

就在《定位》出版后不久，联邦贸易委员会邀请我们去华盛顿，对他们即将颁布的关于禁止使用"没有参照对象的比较"的法规发表意见。根据拟定的法规，你不能说"因为我们工作更努力"，而只能说你比"谁"工作更努力。我们指出，安飞士广告词的巧妙之处就在于，读者会联想到"（比赫兹）更努力"。最好的广告标题总是言犹未尽，它能让读者主动说出某个词或短语以使意思更完整，正是这一点使广告"引人入胜"。

是因为它承认了赫兹的定位，并且没有与之正面冲突。

为了进一步了解安飞士成功的原因，让我们深入潜在顾客的心智，并想象一下我们能够看到一个标有"租车"的产品阶梯。

该产品阶梯的每一层上都有一个品牌名称：顶层是赫兹，第二层是安飞士，第三层是全美租车公司。

许多营销人员都误解了安飞士的故事，他们认为该公司之所以成功是因为工作更努力。

这样理解完全不对。安飞士的成功，是因为它关联了赫兹 [如果更努力是成功秘诀的话，哈罗德·史塔生（Harold Stassen）早就做过好几任总统了]。

用一个例子可以说明比较性广告被广告界接受是多么不容易。《时代》杂志起初拒绝使用"因为我们工作更努力"这句话，认为对赫兹的挑衅太大。其他杂志也同样这么认为。

广告公司的客户经理慌了，同意改为"我们努力得要命"（We try damned hard。这句脏话也许没有比较性用语那么具有攻击性）。

直到那个广告被取消后，《时代》杂志才改变主意，同意使用最初版本（那位客户经理已经被炒鱿鱼了）。

"针对性"定位是一种经典的定位方法。如果一家公司不是第一，那它一定要抢先占据第二的位置。这可不是一项轻松的任务。

但是，这并非不可能。安飞士在租车业做到的，汉堡王和霍尼韦尔分别在快餐业和电脑业也同样做到了。

霍尼韦尔公司已经退出电脑业了。现在，惠普是第二大电脑公司（但是没人知道这一点，这是惠普的错）。

"非可乐"定位

另一个经典的定位战略是搭上别人的梯子，就像七喜公司那样。你只有在了解到"可口可乐"和"百事可乐"在消费者心智中占据的巨大份额之后，才能体会到定位概念的高明之处。在美国，可乐占软饮料消费的 2/3。

通过将产品和潜在顾客心智中已有的认知联系起来，"非可乐"的定位使"七喜"成为可乐饮料的一种替代品（设想一下可乐品类的阶梯：第一层，可口可乐；第二层，百事可乐；第三层，七喜）。

在非可乐的定位下，七喜的销量突飞猛进。自从 1968 年非可乐的宣传启动以来，七喜公司每年的净销售额从 8770 万美元增加到 1.9 亿多美元。如今，七喜成了全球销量第三的软饮料品牌。

还有一个例子能证明这种定位方法的普适性。麦考密克通信公司（McCormick Communications）买下了 WLKW 音乐电台 [这家位于罗得岛州（Rhode

七喜是双线作战，一条战线是可乐类饮料，另一条战线是雪碧（Sprite）。七喜"非可乐"的广告运动非常出色，但是它最终输掉了和雪碧的战役，后者如今是柠檬–青柠类饮料的领导品牌。七喜犯了很多错误，包括广告内容前后不一、品牌延伸（还记得金七喜吧）以及在非可乐广告运动中忽略了一件显而易见的事情：除了要告诉软饮料消费者七喜不是什么之外，还应该说明七喜是什么。

Island）普罗维登斯市（Providence）的电台乏善可陈]，并把它做成了当地第一大音乐电台。他们对这家电台设计的主题是：WLKW 是一个非摇滚音乐电台。

要想找到一个独特的定位，你就必须摒弃传统的逻辑思维。传统逻辑认为，你要从自身或产品中寻找定位概念。

错，你必须在潜在顾客的心智中寻找。

在七喜饮料罐里，你是找不到"非可乐"定位的，你只有在可乐消费者的心智中才能找到。

"忘记成功之道"的陷阱

成功定位最重要的是始终如一，需要数十年如一日的坚持。然而，当一家公司成功实施定位后，它往往会掉进我们所说的"忘记成功之道"（FWMTS）的陷阱里：

"忘记成功之道"（Forgot what made them successful，F.W.M.T.S.）。

被卖给 ITT 公司后不久，安飞士认为自己再也不能满足于第二名了。于是，它打出广告："安飞士要当第一。"

那是在宣传你的愿望。在心理学上，这是错的；从战略角度看，这也是错的。

除非能找到赫兹的弱点并加以利用，否则安

飞士注定当不了第一。

此外，原先的广告不仅把潜在顾客心智中排在产品阶梯上第二名的安飞士同第一名的赫兹联系起来，而且还充分利用了人们对弱者与生俱来的同情心。

新广告纯粹是老套的自吹自擂而已。

要诚实。在过去 20 年里，安飞士进行过很多不同形式的广告宣传，如"奇才安飞士"以及"你用不着跑遍整个机场"。

但是，当有人提起安飞士时，你脑子里冒出来的主要印象是什么？

当然是"安飞士只是第二"。然而，在过去的几年里，安飞士一直忽视了它在人们心智中留下的概念只有这一个。如果有一天它的营销额被全美租车公司超过了，它才会意识到已经失去的第二名的价值。

如今，如果你想成功，就不能忽视竞争对手的定位，也不能偏离自己的定位。要记住琼·狄迪恩（Joan Didion）[注]的不朽名言："实事求是"。

另一个落入"忘记成功之道"陷阱的广告主是七喜。通过"非可乐"的宣传，七喜被成功定位为可口可乐和百事可乐的替代饮料。但是，它

Avis is going to be No.1.

潜在顾客看到这样的广告时会想："不，你才不是（第一）呢。"

[注]　琼·狄迪恩（Joan Didion），美国当代文学主义作家，20 世纪 60 年代步入文坛，代表作有《顺其自然》《奇思年代》等。——译者注

这则广告是近年来七喜传播主题缺乏一致性的典型例子。七喜现在的市场份额是领导者雪碧的一半（美国显然没有改喝七喜）。

现在的广告是"美国改喝七喜"。

美国没有发生这样的事。七喜也只是在宣传自己的愿望。这和"安飞士要当第一"的宣传在思路上没有什么差异，而且也不会有效。

POSITIONING

第5章

05

此 路 不 通

有个古老的故事，讲述了一位旅行者向一位农夫打听怎么去附近的一个镇子。

农夫回答："顺着这条路往前走一公里，到了岔路口往左转。不行，那样到不了。"

"你先掉头，然后开半公里，见到停车标志后往右转，"农夫继续说，"不，那样也到不了。"停顿了好久之后，农夫看着一脸疑惑的旅行者说："要知道，年轻人，从这儿是到不了那儿的！"

如今，许多人、政治家和产品的命运也恰恰如此。他们恰好处在一个"此路不通"的位置上。

美国没有改喝七喜。安飞士当不了第一。愿望不会变成现实。大量做广告也无济于事。

"我能行"精神不死

美国在越南战争中的经历⊖是美国人"我能行"精神的一个典型例子。只要够努力，万事皆有可能。但是，无论我们怎么努力，无论我们投入多少兵力和资金，越南内战的问题都无法通过外力解决。

这条路走不通。

尽管有数百个类似越南战争的反例，但是我们仍然生活在"我能行"的精神状态里。然而，不管你多努力，很多事情是不可能办到的。

例如，一位55岁的执行副总裁要想继任总裁显然错过了时机。等过几年，总裁到了65岁退休时，董事会将任命一位48岁的继任者。

55岁已经没有可能当总裁了。要获得晋升的机会，他必须至少比现任

⊖ 越南战争（1955～1975），美国虽投入大量士兵和资金，但最终战败。——译者注

总裁年轻 10 岁才行。

在心智之战中，同样的事情也会发生在错过时机的产品身上。

如今，一家公司可以推出一款了不起的产品，拥有一支了不起的销售队伍，发起一次了不起的广告宣传运动。但是，如果它恰好处在一个"此路不通"的位置上，照样会一败涂地，花再多钱也无济于事。

这方面最好的例子莫过于美国无线电公司（RCA）在电脑业的遭遇了。

被证实的预言

1969 年，我们以美国无线电公司为典型例子，为《工业营销》（*Industrial Marketing*）杂志写了一篇文章，题目为"定位：同质化时代的竞争之道"。在该文章中，我们依据定位法则，不留情面地点名企业并做了预测（这是"定位"这个词第一次被用来描述这个过程，即如何应对一个已经占据人们心智的规模更大、知名度更高的竞争对手）。

其中一项预测非常准确。我们写道，就电脑行业而言，"任何向 IBM 业已占据的定位发起正面挑战的公司都不可能取得胜利。"

这句话的关键词当然是"正面"。虽然同市

48 岁也不行了。如今，高科技公司的首席执行官都只有二三十岁。

有史以来第一篇关于定位的文章发表在《工业营销》杂志 1969 年 7 月刊上。即使到了今天，还有人问我们："怎样才能把定位方法应用到 B2B 产品而非消费品上面去呢？"当我们对他们说，定位一开始就是个工业概念时，他们竟然不信。为什么？这和人们心智中的认知不一致：所有好的广告理念都产生于消费品领域。这里的教训是：不要用事实来挑战认知，赢的总是认知。

这是 RCA 在《华尔街日报》和其他商业刊物上打出的与 IBM 正面交锋的广告。许多年来，有人认为定位广告就是要在广告标题中提到竞争对手。其实，未必如此。定位和你提不提竞争对手无关。它要求在推行营销活动之前，必须"考虑"竞争双方的强势和弱势。

通用电气公司的杰克·韦尔奇几乎全盘否定了"我能行"精神：要么数一数二，要么淘汰。

场领导者展开竞争是有可能取胜的（我们在文中提出了几种方法），但是根据定位法则，"正面"取胜是不可能的。

这句话在当时引起了一些争议。何方神圣竟然敢说像 RCA 这样财力雄厚的公司都别想在它如此热衷的电脑业有出头之日？

于是，到了 1970 年，RCA 公司向电脑业全速进军。商业刊物上连篇累牍地报道了这件事。

"RCA 向龙头老大万炮齐发，"《商业周刊》1970 年 9 月 19 日刊登的一篇文章标题如是说。

"RCA 与 IBM 正面交锋，"《财富》杂志 1970 年 10 月刊中一则新闻的标题写道。

"RCA 电脑的猛攻是对 IBM 的当头一棒，"《广告时代》1970 年 10 月 26 日刊登的一篇报道以此为标题。

为了不让世人误解公司的意图，RCA 公司董事长兼总裁罗伯特·萨尔诺夫（Robert W. Sarnoff）预测：到 1970 年年底，RCA 在电脑业将"稳居第二"。萨尔诺夫先生指出，为在电脑业建立一个强有力的地位，该公司此次投入的资金已"远远超过以往开拓任何业务（包括彩电）的金额"；同时，公司的目标是在 20 世纪 70 年代初达到稳健的盈利状况。

"我能行"精神行不通

不到一年的时间，灭顶之灾降临了。"RCA遭受了 2.5 亿美元的灾难性亏损"，《商业周刊》1971 年 9 月 25 日刊登的一篇报道标题如是说。

那是很大一笔钱。有人设想，如果把那么多钱全部换成百元大钞，摆放在洛克菲勒中心的一旁，摞起来的高度能超过萨尔诺夫在 RCA 大厦 53 楼办公室的窗口。

对电脑制造商来说，那是一段艰难的岁月。1970 年 5 月，在电脑业务多年亏损之后，通用电气终于选择放弃，把烂摊子卖给了霍尼韦尔公司。

看到两家主要的电脑制造商相继无功而返，我们忍不住要说"我们早就告诉过你"。后来，在 1971 年，我们又写了"重提定位：通用电气和 RCA 为何不听忠告"（该文章发表在《工业营销》1971 年 11 月刊上）。

那么，面对 IBM 这样的对手，应该如何展开广告和营销攻势呢？以上提及的那两篇关于定位的文章提供了一些建议。

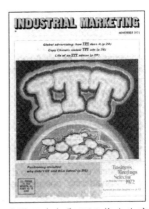

在通用电气和 RCA 停止生产电脑之后，我们在《工业营销》杂志 1971 年 11 月刊上发表了一篇文章。该文章为定位理论点燃了星星之火，人们一再要求重印，并且期望我们提供更多信息。

如何与 IBM 竞争

电脑业经常被喻为"白雪公主和七个小矮

Burroughs
Control Data
GE
Honeywell
NCR
RCA
Univac

这是七家倒霉透顶的电脑公司，它们在大型电脑领域与IBM展开较量。哪家做得最好？一家也没有。真正的赢家和最终成为世界第二大电脑公司的是数字设备公司（Digital Equipment Corp, DEC）。DEC采用了阿梅莉亚·埃尔哈特的做法，它推出了小型电脑，并成为了这个新品类中的第一。

近几年来，我们一直在帮IBM解决一个问题，即如何把原有的"大型电脑"的定位替换为一个与时俱进的新定位。我们的建议是将IBM定位成"集成电脑服务"。还有谁能更好地把各种部件组装起来呢？

人"⊖。白雪公主已经在营销史上确立了无可匹敌的定位。

IBM拥有电脑业60%的市场份额，而那七家公司中规模最大的公司的市场份额还不到10%。

如何与IBM之类的公司抗衡？

首先，你必须承认现实。其次，不要去做电脑领域里太多公司都想做的事情，即不要跟随模仿IBM。

一家公司如果向IBM已经确立的定位发起直接挑战，根本没有胜算。迄今为止，这是一个经过历史验证的真理。

该领域里的小公司可能认识到了这一点，而那些大公司似乎觉得可以凭借自身的强势与IBM对抗。就像一位郁郁寡欢的经理曾说过的："我们只是没有足够的资金。"事实是，此路不通。

老话说"以火攻火"，但是，已故的霍华德·哥萨奇（Howard Gossage）曾说过："那是愚蠢的做法。你得以水灭火"。

IBM的竞争对手可以采取一种更好的战略：利用它们在潜在顾客心智中已经拥有的定位，在电脑业建立与之关联的新定位。例如，RCA公司应该如何为其电脑产品定位呢？

我们在1969年写过的一篇文章中提出了一

⊖ "白雪公主"在此处指代IBM公司，"七个小矮人"指代Burroughs、Control Data、GE、Honeywell、NCR、RCA和Univac这七家也涉足电脑行业的公司。

个建议："RCA 公司在通信方面居领先地位。假如它把某种电脑产品的定位与其通信业务相关联，就能利用自身定位。尽管这样做它会放弃许多其他业务，但是能够建立一个强大的滩头阵地。"

以 NCR 公司为例，它在收款机方面拥有一个强大的定位。

NCR 公司专注于开发电脑零售数据输入系统（或称电脑出纳机），并取得了长足进步。

不过，在有些情况下，确实毫无希望，要想找到一个有效定位往往是白费工夫，还不如把精力聚焦在公司其他业务领域上。查理·布朗（Charlie Brown）说过："问题再大，也可回避。"

事实上，彻底的失败往往胜过平庸的成功。

跟随者容易被误导，认为问题的答案是更加努力。然而，一家处于失败位置的公司即使再努力也无济于事。

问题不在于"做什么"，而在于"何时做"。额外的努力即使要发挥作用，也应该尽早用在建立产品领导地位上。

产品的领导地位弥足珍贵，有了它，任何事情都可能实现；没有它，事情确实会很艰难（就像因纽特人说的那样，只有领头狗才能欣赏到一路的风景）。

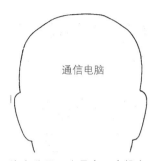

通信电脑

许多公司一生只有一次机会。选对了路，就会成就非凡；选错了路，只能衰竭而亡。RCA 公司就选错了路，结果沦为通用电气公司里的一个二流品牌。它原本可以选择通信这条路。讽刺的是，通信后来成为所有类型电脑真正的成长型市场。IBM、Sun Microsystems 及其他一些电脑公司将大部分的营销资源投入终极通信网络，即互联网中，以抢夺主导地位。

NCR 公司没能抵挡住诱惑，与 IBM 正面交锋，结果差点覆灭。如今，它又回到了"交易用电脑"的定位上。

通用电气公司的史密斯和琼斯

有个例子也许能够帮助说明这个定位原则。

我们在这个故事里遗漏的一点是：斯坦福·史密斯当时是通用电气公司工业广告与销售宣传部的负责人，该部也是我和里斯两个人事业起步的地方。我们非常了解斯坦福·史密斯。他也许称得上是我们所见过的最出色的营销专家。如果连史密斯都无法挽救通用电气的电脑业务，那谁也挽救不了了。这件事给我们留下了深刻的印象。你常常会发现自己处于那种"此路不通"的境地。

通用电气公司的两位男士——史密斯、琼斯都想要坐上头把交椅。

史密斯是一位典型的信奉"我能行"精神的公司高管。所以，当他被任命为电脑业务主管时，他欣然接受了。

相反，琼斯很现实。他知道通用电气公司进入电脑业为时已晚，无法占据主导地位。如今，即使能赶上 IBM，代价也太大。

由于史密斯没能使电脑业务有所转机，琼斯便有了参与的机会。他建议通用电气退出电脑业，公司最终把这个业务部门卖给了霍尼韦尔公司。

这就是雷金纳德·琼斯（Reginald H.Jones）最终当上通用电气公司首席执行官的原因之一。而斯坦福·史密斯（J.Stanford Smith）则进入了国际纸业公司（International Paper）。

总的来说，电脑业的这种分等级现象在几乎所有行业中都能看到。无一例外，每个行业总是有一个强大的领导者和一群跟随者。电脑业有 IBM，复印机业有施乐，汽车业则有通用汽车。

如果能理解定位在电脑业所发挥的作用，那么就能将定位知识应用于任何其他领域。

在电脑业管用的知识，在汽车业或可乐业同样适用。

反之亦然。

POSITIONING

第 6 章

06

领导者的定位

Campbell's
Carnation
Coca-Cola
Colgate
Crisco
Del Monte
Eveready
Gillette
Gold Medal
Goodyear
Hammermill
Hershey's
Ivory
Kellogg's
Kodak
Life Savers
Lipton
Manhattan
Nabisco
Palmolive
Price Albert
Sherwin-Williams
Singer
Swift
Wrigley's

以上是1923年25个不同品类的领导品牌。77年后的21世纪初，只有3个品牌失去了领导地位，分别是永备（Eveready）、曼哈顿（Manhattan）和棕榄（Palmolive）。这就是领导者的优势所在。领导地位本身就是最有效的营销战略。

赫兹很不错，通用汽车在衰落，风驰通已经爆了胎，西屋电气已不复存在。竞争已愈发残酷。

像安飞士和七喜这样的公司都针对市场领导者找到了可行的替代性定位。

但是，无论成功与否，大多数公司都不愿意做跟随者。它们都想成为像赫兹或可口可乐那样的领导者。

那么，如何才能成为领导者呢？其实很简单。还记得查尔斯·林德伯格和尼尔·阿姆斯特朗吗？

只需率先出击，并且全力以赴。

建立领导地位

实践证明，第一个进入人们心智中的品牌所占据的长期市场份额通常是第二品牌的2倍，是第三品牌的4倍，而且这种比例关系不会轻易改变。

让我们回顾一下百事可乐和可口可乐之间那场激烈的营销战。作为挑战方的百事可乐虽然发动了成功的营销活动，但是可乐战的领先者是谁呢？当然是可口可乐。可口可乐每卖出6瓶，百事可乐很努力才能卖出4瓶。

事实就是如此。在任何品类中，第一品牌的销量总是远远超过第二品牌。赫兹超过安飞士，通用汽车超过福特，固特异（Goodyear）超过风驰通（Fire Stone），麦当劳超过汉堡王，通用电气超过西屋电气（Westhouse Electric）。

许多营销专家都忽视了第一个进入心智的巨

大优势，而常常把柯达、IBM 和可口可乐等公司的成功归因于"营销才智"。

领导者也会失败

然而，当情况完全不同时，即当市场领导者在新品类中不是第一个进入心智时，它的新品通常是跟风产品。

与胡椒博士（Dr.Pepper）公司相比，可口可乐是一家巨型公司。然而，当可口可乐推出竞争性产品 Mr. Pibb 时，这家总部位于亚特兰大的巨无霸公司尽管资源丰富，却没有对胡椒博士公司的销量产生多大影响。Mr. Pibb 只能屈居第二，远远落后。胡椒博士每卖出 6 瓶，可口可乐的 Mr. Pibb 很努力才能卖出 1 瓶。

可口可乐还在尝试。眼下，它正试图以自家的动乐（Power-Ade）运动饮料攻击佳得乐（Gatorade）。谁将赢得这场战争的胜利？当然是佳得乐。

IBM 的规模比施乐大得多，而且拥有大量的技术、人力和财力资源。然而，当 IBM 推出一系列复印机与施乐竞争时，结果如何呢？

没什么大的变化，施乐复印机的市场份额仍然是 IBM 的 10 倍。

原以为柯达这个位于罗切斯特的巨型公司进入一次成像照相机业务，是可以彻底击垮宝丽来（又称拍立得）的。然而，事实并非如此。宝丽来的业务实际上还增长了，而柯达只获得了很小的市场份额，并且在其传统照相机业务上损失惨重。

是什么成就了领导者？当然是众多跟随者。领导者不应当将竞争者赶尽杀绝，而是需要它们共同创建一个品类。宝丽来犯的一个严重错误就是通过诉讼把柯达赶出了一次成像照相机市场，结果两败俱伤。

领导地位是最好的"差异化"，是品牌成功的保障。

几乎所有实质性的优势都将归于领导者。除非有强烈的反对理由，否则消费者下一次购物时仍会选择上次购物时选择的同一个品牌。商家也很可能只进领导品牌的货。

那些规模更大、更成功的公司通常都能优先挑选优秀的大学毕业生。事实上，这些公司往往能够吸引更多、更好的员工。

领导品牌几乎在每一步上都独具优势。

举例来说，在每个航班上，航空公司通常只提供一个品牌的可乐、一个品牌的姜汁汽水和一个品牌的啤酒等饮料。

下次坐飞机时，你不妨留意下是不是这三个品类的领导品牌，即可口可乐、加拿大干姜水（Canada Dry）和百威。

不稳定的平等

在某些品类中确实会存在两个领先品牌并驾齐驱的情况。

然而，事实上，这些品类内部是不稳定的。你迟早会看到其中一个品牌略占上风并成为领先者，最终形成 5:3 或 2:1 的稳定局面。

就像鸡群需要啄食顺序⊖，消费者也希望品

⊖ 啄序，即啄食顺序，指群居动物通过争斗获取进食优先权和划分等级的自然现象。——译者注

牌能够形成人人都知道并且都能接受的鲜明排序，以便选择。

赫兹和安飞士。

哈佛和耶鲁。

麦当劳和汉堡王。

如果两个品牌地位相当，总有一个会逐渐占上风，并且在未来很长一段时间内主导市场。

举例来说，1925～1930 年，福特和雪佛兰陷入了难分难解的正面交锋中。到了 1931 年，雪佛兰取得领先地位。自那以后，在双方推出新车型的年份里，即使是在因经济萧条和历年战争所造成的市场混乱期，雪佛兰也只有四次失了第一。

显然，在局势未明之时，即双方都不具备明显优势的情况下，应当格外努力。单一年份的销量领先往往能维持好几十年。

喷气式飞机需要 110% 的额定功率才能使机轮离开地面。然而，当它到达近 1 万米的高空时，飞行员就可以把功率调至额定的 70%，而飞机仍可以以每小时约 965 公里的速度飞行。

这个想法后来演变成了"二元法则"：每个品类最终只会由两个品牌主导，比如雪佛兰和福特、可口可乐和百事可乐、百威和米勒、金霸王（Duracell）和劲量（Energizer）、苏富比（Sotheby's）和佳士得、上帝和魔鬼。

保持领导地位的战略

问：350 多千克重的大猩猩睡在哪里？

答：想睡在哪里就睡在哪里。

领导者可以随心所欲。短期内，领导者的地

Microsoft

微软就是这么做的，而且它确实也被联邦政府制止过。

位几乎坚不可摧，仅凭领先的势能就能维持下去。（摔跤界有句老话："压住对手，就输不了。"）

对于通用汽车、宝洁和当今世界的其他领导者而言，从来不用考虑今年或明年会怎样。它们考虑的是长期发展，5 年后会发生什么？ 10 年后呢？（短期内，唯一需要考虑的问题就是政府的反垄断管制。因此，领导者的箴言应该是：一路向前，直至政府喊停。）

领导者应当利用短期的灵活性来确保长期的稳定性。事实上，市场领导者通常都在人们心智中搭建了新的品类阶梯，并且以自身品牌牢牢占据阶梯上那独一无二的一层。那么，一旦进入心智，领导者该做什么？不该做什么？

美国进口啤酒第一品牌

关于"领导者不该做什么"，我们有了新想法：新进入市场的潜在顾客中总有一些不知道哪个是领导品牌。因此，像喜力这样的领导品牌很可能仍需要经常通过广告来提示其领导地位。遗憾的是，喜力放弃了"美国进口啤酒第一品牌"这样的说法，最终把领导地位拱手让给了特级科罗娜（Corona Extra）。当然，在宣传领导地位的时候，适当谦逊是必要的。

什么不该做

一旦公司确立了第一的位置，就没有必要通过广告高呼："我们是第一！"

强化品类在潜在顾客心智中的价值要好得多。注意到没有？ IBM 的广告通常都忽略竞争，而只宣传电脑的价值。这里指的是所有类型的电脑，而不仅仅是 IBM 公司的产品。

为什么在广告中说"我们是第一"不是个好主意呢？

原因来自心理层面：你的潜在顾客要么知道

你是第一，要么不知道。如果知道，他们会疑惑：为什么你这么缺乏安全感非要说出来呢？如果不知道，那你应该想想这又是为什么呢。

也许你是以自己的标准而不是潜在顾客的标准来界定你的领导地位。很遗憾，这样做行不通。

你不能以自己的标准来建立领导地位："密西西比河以东、1000 美元以下最畅销的高保真音响品牌。"

你必须以潜在顾客的标准来建立领导地位。

这里有两个基本战略可以综合运用。它们看似矛盾，其实不然。

戳人痛处

"正宗货"（The real thing），可口可乐的这一经典广告战略适用于任何领导品牌。

建立领导地位的关键是抢先进入心智，而维护领导地位的关键则在于强化原创的概念，建立标准，让竞争品牌以这个标准被人评判。换言之，任何其他产品都只是模仿"正宗货"。

这和宣传"我们是第一"不同。最大的品牌可能只是因为价格更低、销售渠道更多等才做到了销量最大。

但是，"正宗货"就像初恋，在潜在顾客的心智中永远占据着一个特殊的位置。

正宗货

我们无法理解可口可乐公司为什么弃用"正宗货"这句广告词。"永远的可口可乐"（Always Coke）只是一厢情愿的想法。而目前的广告主题"享受可口可乐"（Coca-Cola Enjoy）则很幼稚。

第一个进入心智的产品都会被消费者认为是正宗货：IBM 主机电脑、亨氏番茄沙司、固特异轮胎，当然，还有可口可乐。一旦你的产品代表正宗货，其他品牌就都被重新定位成仿冒品了。"正宗货"可能是最具影响力、最能打动人心的广告语了，可口可乐公司却用得不多，实在可惜。

"我们发明了该产品。"这正是施乐复印机、宝丽来照相机和之宝（Zippo）打火机背后强大的品牌驱动力。

全面拦截

有时候这很难做到。令人遗憾的是，领导者在看自己的广告时充满热情，觉得自己不会犯错。于是，当竞争对手推出新产品或新功能时，领导者通常都不以为然。

恰恰相反，领导者应该全面拦截所有成功的可能性。也就是说，领导者需要戒骄戒躁，一旦发现有市场潜力的新产品就立即跟进。然而，等到领导者醒悟过来，往往为时已晚。

当汽车业出现汪克尔（Wankel）引擎时，通用汽车公司花了5000万美元买下它。这些钱都浪费了吗？未必。很有可能在通用汽车看来，花5000万美元买下汪克尔引擎的生产许可权，相当于为保护价值660亿美元的业务支付了一笔低额保险费（没错，通用汽车在1979年的销售额是66 311 200 000美元）。

假如汪克尔引擎是未来汽车引擎的发展方向，而福特或克莱斯勒抢先买下了它的生产许可权，

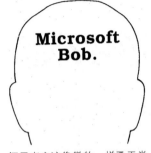

领导者应该像微软一样勇于尝试。针对电脑初级用户，微软推出了一款名为Bob的软件⊖。虽然这款软件并不成功，但是如果竞争对手也尝试推出类似产品并且成功了呢？经验告诉我们，大多数领导者都患有"企业动脉硬化症"，即过分在意媒体关于新产品失败的报道。殊不知，只要你勇于认错，媒体是最富有同情心的。想想当年可口可乐公司承认"新可乐"的失误后，媒体给了多少正面报道。

⊖　该软件主要用于介绍电脑的入门级使用方法。——译者注

那么，通用汽车现在的处境又将如何？

　　柯达和 3M 这两家公司在办公复印机领域就面临过这种处境。这两家领先的涂层纸复印机公司，原本有机会买下卡尔森的静电复印技术使用权，可是它们拒绝了。

　　"既然涂层纸复印每张只需 1.5 美分，没人会愿意花 5 美分使用普通纸复印。"这样说有道理。但是，拦截的本质是为了保护自己免遭意外。

　　然而，意外的确发生了。哈洛伊德（Haloid）公司冒险买下了卡尔森的专利，并且这家公司（先更名为哈洛伊德－施乐，后又改为施乐）如今已成为价值 50 亿美元的大企业。其规模超过了 3M，比柯达略小。《财富》杂志把施乐 914 型普通纸复印机称为"可能是美国有史以来生产的最盈利的单品"。

　　此后，施乐还有如此好的表现吗？

　　几乎没有。914 型复印机大获成功之后，施乐失误不断，以电脑业务最为显著。

当然，如今施乐的规模比柯达大得多，后者错误地进入了医药和其他许多产品领域。后来，我们由这个想法衍生出了"聚焦"的概念。

来自产品的实力

　　施乐董事长在开始多元化经营之初曾说："只有当我们在办公复印机领域的成功模式被多次验证之后，我们才能得出结论，即本公司拥有可以持续依赖的实力。"

在 20 年里，施乐在电脑业务上损失了好几十亿美元。这又是一个因为失去聚焦而付出高昂代价的教训。

这是领导者犯的典型错误：误以为产品的实力来自企业的实力。

恰恰相反，企业的实力来自产品的实力，即产品在潜在顾客心智中所占据的定位。

可口可乐（产品）有实力。可口可乐公司仅仅是这一实力的反映。

一旦脱离可乐业，可口可乐公司要想在其他产品获得实力绝非易事：要么第一个进入心智，要么建立一个强大的替代性定位，要么重新定位领导者。

因此，可口可乐公司的 Mr.Pibb 只能屈居胡椒博士之后，可口可乐公司的实力再强也于事无补。

施乐也一样，其实力来自施乐（产品）在心智中所拥有的定位：施乐代表复印机。施乐之所以拥有复印机的定位，是因为它是第一个进入心智的，并且通过大量的营销活动加强了这一定位。

但是，在电脑、文字处理设备和其他产品方面，施乐等于从零开始。显然，施乐试图在其他领域复制其复印机的成功，但是，它明显忘记了914型复印机成功的关键因素：第一个进入心智的普通纸复印机品牌。

我们曾为施乐工作了近两年时间，试图劝服其管理者聚焦于办公输出设备（如复印机、打印机等）而非输入设备（如电脑）。尤其，我们想让其成为第一个推出台式激光打印机的公司。不幸的是，他们把机会让给了惠普。

迅速回应

当竞争对手推出一个全新的概念时，那些自

负的美国职业经理人通常的反应是:"等等看吧"。

然而,拦截行动有效的关键是时机。你必须积极迅速地回应,抢在新产品在潜在顾客心智中扎根之前狙击对手。

当达特利⊖对泰诺发起价格战时,强生公司立即采取了拦截行动,即使泰诺降价。其速度之快,甚至连百时美施贵宝公司(Bristol-Myers)为达特利投放的降价广告都还没来得及推出。

结果,强生公司成功击退了达特利的进攻,并在一开场就给百时美施贵宝公司以沉重打击,导致后者不仅一无所获,而且"头痛"不已。

营销战和帆船比赛中的拦截很相似:绝对不要让对手摆脱你的阻拦,进入开阔水域。因为你无法预测未来,也根本不知道风向如何。

只要拦截住对手的行动,领导者就能永远领先,不管风往哪儿吹。

另一个经典案例是吉列公司推出"好消息"(Good News)牌一次性双刃剃须刀,顺利拦截了 BIC 公司。

用多品牌拦截对手

泰诺是个特例。大多数领导者应该使用新品牌来拦截竞争对手。

这是宝洁公司经典的"多品牌战略"。称其为"多品牌战略"可能不够恰当,"单一定位战略"更为确切。

⊖　达特利(Datril)是一种止痛药。——译者注

**Gillette
Trac II
Atra
Good News!
Sensor
Mach 3**

多个品牌拥有的整体市场份额比单一品牌更大。（吉列剃须刀的多个品牌占 60% 的市场份额。）

多品牌战略最杰出的案例之一是丰田公司推出"雷克萨斯"品牌。该公司没有把新产品命名为"超级版丰田"或"丰田终级版"，而是给这一豪华车型起了个不同的品牌名。

每一个品牌都通过独特的定位在潜在顾客的心智中占据了特定的位置。

纵使时代变迁、产品更选，企业并没有改变品牌的既有定位，而是不断推出新品牌的新产品以适应技术和顾客品位的变化。

换言之，宝洁公司意识到：要改变既有定位，困难重重。既然定位已建立，何必要改？从长远来看，推出新品牌的新产品可能代价更小，也更有效，即使最终不得不淘汰一个已建立了定位的老品牌。

象牙（Ivory）一开始是肥皂品牌，现在仍然是。强效洗衣粉被推出后，宝洁公司可能会迫于市场压力而推出象牙牌洗衣粉。但是，这将意味着改变象牙品牌在潜在顾客心智中的既有定位。

更好的解决之道是推出"汰渍"（Tide）新品牌。洗衣粉这一新概念配上"汰渍"这个新名字，最终大获成功。

而当宝洁公司推出洗洁精时，并没有沿用"汰渍"命名，而是取名 Cascade。

宝洁的每个领先品牌都有各自的独立身份：Joy、佳洁士（Crest）、海飞丝（Head & Shoulders）、Sure、Bounty、帮宝适（Pumpers）、Comet、Charmin 和 Duncan Hines，而不是在原有品牌上加上"增强""终极"或"超级"之类的字样。

可见，"多品牌战略"其实就是"单一定位战略"，即"以不变应万变"。

正如象牙牌肥皂已经连续畅销了 99 年。

用更宽泛的名称拦截对手

毫无疑问，"变化"可以让领导者失去领导地位。

20 世纪 20 年代，纽约中央铁路公司（The New York Central Railroad）不仅是铁路业中的龙头老大，而且是蓝筹股中最火的一只。几经并购之后，这家如今更名为宾州中央公司的企业元气大伤，再也难觅昔日的辉煌。

相反，美国航空公司却蒸蒸日上。

显然，纽约中央铁路公司应当在竞争伊始就采取拦截行动，成立航空事业部。

"什么？你要我们开辟航空航线来抢我们铁路的生意？除非我死了。"

纯粹的拦截行动往往很难得到公司内部的支持。管理层经常把新产品或新服务看成竞争，而非机遇。

有时候，改一下名字就能顺利过渡。一个更宽泛的名称，可以使公司内部转换思路。

《销售管理》，一本发行了 50 年的杂志，为了跟上市场营销思维的迅速发展，最近更名为《销售管理与市场营销》。终有一天，发行商会毫无悬

好景不长。多年来，宝洁公司一直备受推崇，它曾为每一个新开发的品类推出独立品牌。可惜，如今它不这么做了。它也陷入了传统的品牌延伸的思维方式中。比如，佳洁士牙膏竟出了 50 多款产品。难怪最近佳洁士把领导地位让给了高露洁。

念地再次更名为《市场营销管理》。

从"哈洛伊德"到"哈洛伊德－施乐"再到"施乐"，这是一般定式。

你一定知道柯达公司名字的由来吧？从"伊士曼"（Eastman）到"伊士曼－柯达"再到"柯达"，对吧？

该发生的还是发生了，柯达剥离了"伊士曼"和化工业务。

然而，在我们写下本书的时候，该发生的还没有发生。柯达公司的官方名称仍然是伊士曼－柯达。

几年前，"直邮协会"更名为"邮件直接营销协会"。这说明公司已经意识到：邮件只是直接营销方式之一。

毫无疑问，将来有一天它会改成"直接营销协会"。

尽管改成"纽约中央运输公司"可能也不会成功，但是有大量的证据表明，人们是基于字面意思来理解名字的（比如，"东方航空公司"容易被理解为是一家在东部飞行的区域航空公司）。

纽约中央航空

有一个要点需要补充：尽管纽约中央铁路公司应该进军航空业，但是，显然不该使用"纽约中央"这个名字。在这种以及其他类似情况下，公司应该考虑多品牌战略。

政府机构通常很善于改用更宽泛的名称，如"住房与城市发展部"（更名前为"住房与家庭资助局"）。通过将名称扩展，政府机构可以扩大管辖范围，增加人员编制，也可以顺理成章地提高预算。

奇怪的是，联邦贸易委员会竟也错失了良机。如果改一个更宽泛的名字，应该是"消费者权益保护协会",这正好契合当前的热点话题。

领导者还可以受益于扩大产品的应用范围。

艾禾美(Arm & Hammer)公司就做得不错,它把苏打粉做成了电冰箱除味剂。

新成立的佛罗里达柑橘委员会把橙汁这种销量最大的果汁饮料推广到了午餐、点心等多种餐饮场合。它在广告中说道:"橙汁已不再只是早餐饮品。"

最大的商业杂志《商业周刊》把自己成功推销为适合刊登消费品广告的绝佳刊物。如今,它所刊登的消费品广告比例已近 40%。

消费者权益保护协会

显然,这是个极好的主意,就连 10 岁的孩子都能看出这个名字的好处。一个不知道如何有效处理分内之事的政府,如何能说出小学班级的理想规模呢?

领导地位的好处

与凯迪拉克汽车的著名广告"领导地位的代价"(The penalty of leadership)不同,领导地位其实有很多好处。

领导者不仅占有最大的市场份额,而且也可能是市场上同类公司中利润率最高的公司。以 1978 年美国四大汽车制造商的销售情况为例:

通用汽车的市场份额为 49%,净利润率为 6.1%。

福特公司的市场份额为 34%,净利润率为 4.4%。

克莱斯勒的市场份额为 15%,净利润率为 1.0%。

美国汽车公司的市场份额为 2%,净利润率为 0.4%。

汽车领域的变化实在太大了：通用汽车的市场份额如今降至29%；福特只有25%；克莱斯勒现已更名"戴姆勒－克莱斯勒"（Daimler Chrysler），占17%的市场份额；美国汽车公司则已不复存在。

既大又小
既便宜又昂贵的汽车

理论上正确的东西在现实中未必发生。通用汽车公司理应是汽车业的主导性公司，占据50%的市场份额，可是它的市场份额逐渐下降到了29%。哪里出了问题？问题出在它旗下每个品牌的定位上。雪佛兰是什么？雪佛兰是既大又小、既便宜又昂贵的汽车。如果你什么都想要，结果只会什么都不是。通用汽车其他品牌的定位正在犯同样的错误。

通用汽车的净利润比美国汽车公司的销售额还要高50%以上。

富者愈富，穷者愈穷。

另外，这种绝对领先的势能将在以后很多年里推动企业顺势发展。

同时值得注意的是，使企业强大的不是规模，而是在心智中的地位，它决定市场份额的大小，可以使企业如通用汽车般强大，或者如克莱斯勒般弱小。

举例来说，克莱斯勒公司的销售额是宝洁公司的两倍。但是，宝洁的大部分品牌都是同品类中的领导者，而克莱斯勒仅排行业第三。

因此，宝洁公司获利颇丰，而克莱斯勒却还在垂死挣扎。

定位的最终目标应该是在某个品类里建立领导地位。一旦取得领导地位，公司就可以在今后的很多年里安享其成。

成为第一很难，保持第一要简单得多。

POSITIONING

第 7 章

07

跟随者的定位

对领导者行之有效的方法并不一定适用于跟随者。领导者往往可以通过拦截竞争对手的行动来维护自己的领导地位（正如泰诺应对达特利的降价行为那样）。

但是，地位的不同使得跟随者无法像领导者那样通过拦截获益。跟随者模仿领导者的行为，根本不算拦截，而是跟风（更委婉的说法是"与时俱进"）。

只有在一种情况下，跟随者的跟风行为才会偶尔奏效，那就是领导者行动迟缓，尚未建立定位。

跟风的危害

数字设备公司花了很长时间试图"在产品上赶超 IBM 个人电脑"，结果错失了台式机的机会，最终被康柏公司收购。

大多数跟风产品都无法达成理想的销售目标，因为企业的关注点在于"更好"，而不是"更快"。也就是说，第二名的公司认为的成功之道在于"人有我优"。

仅靠产品比竞争对手更好还不够，企业必须趁局势未定时发起进攻，在领先者还没来得及建立领导地位之前，进行更大规模的广告宣传和促销推广，还要给产品起一个更好的名字（参见第 8 章详述）。

然而，事实往往相反。跟风企业把宝贵的时间浪费在改进产品上，推出产品时的广告投入又比领先者少。此外，为确保快速获取市场份额，以公司名为新产品命名。在我们这个传播过度的社会里，这些做法都是致命的陷阱。

如何在潜在顾客心智中找到空位呢？

与切斯特·鲍尔斯（Chester Bowles）一起创立本顿－鲍尔斯广告公司（Benton & Bowles）的威廉·本顿（William Benton）是这样说的："我会在大公司的业务结构里寻找薄弱环节。"

寻找空位

法国人有一个营销短语十分简洁地概括了这一战略："寻找空位"（ cherchez le creneau）。

找出空位，然后填上。

这个建议违背了"更大、更好"这一美国精神中根深蒂固的观念。

还有一种典型的美式态度也会使得定位思维难以展开。美国人从小就接受一种固定思维模式的教育。

那就是诺曼·文森特·皮尔（Norman Vincent Perle）所谓的"积极思考的力量"。这种态度或许会成就很多畅销书，却能摧毁人们寻找空位的能力。

要想找到空位，企业必须具备逆向思考的能力，反其道而行之。如果人人都往东，那就往西

在潜在顾客心智中"寻找空位"是营销领域的最佳战略之一。空位无须多振奋人心，或者有多戏剧性，甚至无须有非常明确的顾客利益点。劳力士是第一款奢华手表，Orville Redenbacher 是第一种高价爆米花，米狮龙是第一款美国国产高端啤酒。也许有人会问，这些价格贵很多的产品的顾客利益点在哪里？不管怎样，这些都是填补了潜在顾客心智"空位"的第一品牌，并且都非常成功。

看能否找到空位。对克里斯托弗·哥伦布适用的战略也同样适用于企业。

下面，我们来探讨一些寻找空位的战略。

尺寸空位

多年来，底特律的汽车制造商一直热衷于加长车身和降低底盘。每次推出的新车型，也都越来越呈流线型，越来越美观。

然而，大众汽车公司推出了甲壳虫轿车：车身短、车形臃肿、外观丑陋。

传统的宣传方法会针对甲壳虫汽车扬长避短。

企业通常会采用的策略是："找一位时尚摄影师，把车拍得好看些。然后，再重点宣传车的可靠性。"

但是，汽车市场的空位就是小型车。"想想小车"（Think Small），这是大众汽车公司做过的最有效的广告，它准确无误地阐述了甲壳虫的定位。

该广告标题虽然只有简单几个词，但是同时做到了以下两点：一是对大众甲壳虫的定位进行了说明；二是向潜在顾客心智中"越大必然越好"的假设提出了挑战。

当然，这一方法是否有效，取决于潜在顾客心智中是否存在这样的空位。甲壳虫推出时，市场上也有其他小车，但是小型汽车的定位还没有

Think small.

想想小车？小有什么好处？任何一次正规的市场调研都会表明，大部分人都想要买比邻居家汽车更大的车型。但是，在广告宣传中，更重要的是让潜在顾客知道你想要填补什么样的空位，而不是宣传产品的利益点。大众汽车公司的首要任务是占据心智中"小"的空位。

被抢占。

　　大众汽车公司的做法是占据尺寸空位的经典案例。索尼公司在电视机上也采取了相同的做法（"小型电视机"）。

　　集成电路和其他电子设备从技术上保证了"小尺寸"空位在许多品类中的可行性。只有时间知道，今后哪些公司能够利用电子技术在小型化方面建立有价值的定位。

　　反之也有机会。Advent 公司正在建立大型投影电视机的定位，但是，Advent 高保真音响容易混淆视听，可能会妨碍 Advent 电视机的成功。

Advent 公司发明了投影电视机。诚然，屏幕为 40 ~ 60 英寸⊖的投影电视机在庞大的电视机市场上从来都只是一个利基部分，但是，对于 Advent 公司干劲十足的首席执行官伯尼·米歇尔（Bernie Mitchell）⊜来说，投影电视机的销售状况还不够令人满意。米歇尔先生决定："让我们把 Advent 公司及其分支业务打造成家庭娱乐中心。"不出所料，Advent 公司最终宣告破产，从某种意义上说，家庭娱乐中心也同样惨败。这又是一个品牌延伸失败的例子。

高价空位

　　这方面的经典案例是米狮龙啤酒。安海斯 – 布希公司（Anheuser-Busch）为一款国产高端啤酒找到了一个尚未开发的市场，并凭借米狮龙这个名字进入心智。

　　米狮龙的故事里具有讽刺意味的是，至少在理论上，当时市场上已有不少高端品牌。举三个例子来说，喜立滋、百威和蓝带。（实际上，这三个品牌的标签上至今仍有"高端"二字）但是，它们的高端定位已随时间消失。

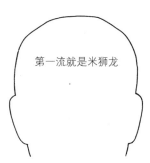

第一流就是米狮龙

米狮龙发布了有史以来最为出色的定位广告之一。然而，这一广告很快被"周末属于米狮龙"之类毫无意义的概念所取代。

如今，那些汽车的售价已从 30 000 美元涨到 75 000 美元，热销势头依旧。

在地方品牌风靡之际（纽约的 Schaefer、密尔沃基的 Blatz、芝加哥的 Meister Brau），全国品牌或"从外地运来的"品牌被迫售以高价。但是，自全国品牌在全国各地设厂后，局面变了。时间创造了一个空位，米狮龙伺机而入。

很多品类都出现了高价空位。对于我们这个习惯于用完即扔的社会，资源保护的紧迫性使得人们开始重新推崇经久耐用的优质产品。

这就是奔驰 450SL 和宝马 633CSi 之类售价 30 000 美元的汽车成功的原因之一。

还有都彭（S.T.Dupont，好名字）打火机，广告上说："售价不超过 1500 美元。"

价格是一种优势，尤其当你第一个在品类中建立高价空位时。

皇家芝华士威士忌（Chivas Regal Scotch）就是一个很好的例子。尽管市场上还有其他高价威士忌，如翰格（Haig & Haig），但是，"二战"后，这些品牌的高价定位逐渐衰落。所以，当皇家芝华士以"我们是高价品牌"这一简洁明了的口号打入市场时，即大获成功。

Go ahead.
Spend the extra few dollars.
It's Christmas, isn't it?

你无须成为第一个，只要能够在认知上成为第一，就能成功。在高价威士忌这一品类中，皇家芝华士仍然维持着领导地位。

当然，如今皇家芝华士也受到了来自尊尼获加黑方（Johnny Walker Black Label）和顺风 12 年陈酿（Cutty 12）的攻击。然而，作为第一个进入心智的品牌，皇家芝华士的地位依然稳固，特别是因为进攻品牌的名字很差，容易和其公司名称

[分别是尊尼获加（Johnny Walker）及顺风（Cutty Sark）] 混淆。

有些品牌几乎把全部的产品信息都集中于高价概念上。

独一无二的欢乐（Joy），世界上最贵的香水。

为什么你应该投资伯爵（Piaget），世界上最昂贵的手表。

高价战略不仅对汽车、威士忌、香水和手表等奢侈品有效，对爆米花之类的日常用品也同样适用。每桶售价 89 美分的 Orville Redenbacher 牌"美食家爆米花"从售价折半的其他品牌（如 Jolly Time）那里夺走了相当大的市场份额。

售价约为 3.95 美元每升的美孚 1 号合成机油（Mobil 1 synthetic engine lubricant）也是一例。即便是传统意义上的廉价产品，如面粉、糖和盐，也都有定位的机会。

然而，人们往往把贪婪和定位思维混为一谈。售以高价并非为了发家致富。高价策略成功的秘诀在于：首先，你必须是第一个建立高价定位的品牌；其次，必须有一个有效的品牌故事；最后，必须选择一个顾客能够接受高价的品类，否则，高价只会把潜在顾客吓跑。

此外，高价定位的建立应该是在广告中，而不是在商店里。价格（无论高低）只是产品的诸多特点之一。

美孚 1 号的实际销售并不理想。尽管这是一个绝妙的营销概念（第一款发动机合成机油），但名字是一大败笔。新概念需要一个新名字，而不是一个拼凑而成的延伸名字。奇怪的是，发动机合成机油（synthetic motor oil）在欧洲销量不错，在美国却不畅销。原因之一是：美国公司从未推出过一款大品牌的发动机专用合成机油，并且为这种机油起一个专用的新品牌名。这仍然是一个领导品牌缺位的品类。

高价必须要以真正的差异化作为支撑。差异化能够合理解释为什么值得人们花更多钱。

如果定位工作做得好，那么顾客在商店里就不会对价格感到意外。广告不一定要说明具体价格，尽管有时候这样做也挺好。真正应该做的，是要把你的品牌清晰定位在某个价位段上。

低价空位

相对于高价战略，低价战略也有利可图。

目前，销量最大的传真机品牌是 Qwip，其生产商是埃克森公司的一家子公司。Qwip 传真机的租金是每台每月 29 美元以上，而竞争品牌施乐传真电报机的租金是每台每月 45 美元以上。现在，Qwip 传真机的出租数量是行业内其他品牌的总和。

在评估价格空位是否可行时，记住，对于传真机、录像机之类的新产品而言，低价空位往往是个不错的选择。购买此类产品的顾客总是抱着尝新的想法（如果不好用，我也没损失多少钱）。

而高价空位对于汽车、手表和电视机等成熟品类则是不错的选择，尤其是顾客对现有维修服务不甚满意的那些产品。

最近推出的通用名称食品（即"无品牌名称食品"），就是在超市探寻低价空位的一种尝试（尽管多年来零售商对促销和低价的重视，已经把这方面的空位填补得差不多了）。

如果把高、中、低三种价格策略结合起来，

Qwip 后来怎样了？该公司决定以埃克森为品牌名推出全套办公设备。此举最终被证明大错特错。办公系统事业部在创下滚滚赤字洪流之后，只能关门大吉。一家汽油公司怎么会懂办公用品呢？

通常而言，你就拥有了一个强大的营销组合策略。正如安海斯－布希公司推出了米狮龙、百威和布希三种价位的啤酒。

当然，其中最弱势的品牌是布希，一是因为名字起得不好，二是因为缺乏一个强有力的定位概念支持。为何企业要把自己的名字只用在价格最低的产品上呢？名字的问题同样困扰着福特汽车公司，在林肯、水星和福特三个品牌中，福特价格最低。

其他有效空位

性别也是一个空位。菲利普·莫瑞斯公司（Phillip Morris）旗下品牌万宝路，是第一个建立男子汉香烟定位的全国性品牌，这也是其销量稳步攀升的原因之一。10 年里，从全国销量第五升至第一。

时机很关键。1973 年，罗瑞拉德公司（Lorillard）⊖也试图推出自己的男子汉香烟品牌 Luke。名字不错，包装挺漂亮，广告也精彩："从坎卡基到科克莫，Luke 一路畅通无阻、自在徐行"（From Kankakee to Kokomo along comes Luke movin'free and slow.）。

唯一不对的是时机，晚了大概 20 年。Luke 的

"卡尔文·克莱恩"（Calvin Klein）牌牛仔裤是另一个以性别成功定位的案例。

在过去的香烟广告中，很难找到没有女性出现的广告。这很令人费解，因为当时抽烟的主要是男人。结果，所有香烟品牌都变成了男女皆宜，以拓展市场。菲利普·莫瑞斯公司却反其道而行之，摒弃了女性形象，聚焦于男性。而后，它又决定只用牛仔，因为牛仔代表男人中的男人。这一定位战略使得万宝路成为世界上销量最大的香烟品牌。

⊖　美国三大烟草公司之一。——译者注

确"走得太慢"，因此，罗瑞拉德公司只得放弃。

在给一个产品定位时，没有比"第一个进入心智"更好的策略了。

正如男子汉定位成就了万宝路，女性定位也成就了维珍妮（Virginia slim）牌香烟。虽然定位方向相反，维珍妮也夺取了巨大的市场份额。而Eve，作为跟风品牌，虽然也试图走女性化路线，但是失败了。

当你以性别来细分品类并建立定位时，显而易见的方法并非总是最好的。

以香水为例。你会觉得品牌名越精致、越女性化，成功的可能性就越大。那么，世界上销量最大的香水是哪个牌子？

不是浪凡芭音（Arpege），也不是香奈儿5号，而是露华浓公司的查理。这是第一个尝试男性化命名的女士香水品牌，其广告展现了穿着裤装的女性形象。

而跟风品牌"就叫我马克西"（Just Call Me Maxi）不仅表现欠佳，据说还让蜜丝佛陀公司（Max Factor）的董事长丢了饭碗。

查理的成功说明了在香水之类的既有品类中建立定位的吊诡之处。同行业的大多数品牌都朝一个方向发展（女性化品牌名称），而机会却在相反的方向（男性化导向的品牌名称）。

年龄是另一个可供运用的定位战略。巨力多

世无定事，尤其是那些时尚品类，如香水、服装、酒等。查理已被众多新款香水品牌所取代。又如，在服装方面，卡尔文·克莱恩已被拉尔夫·劳伦（Ralph Lauren）所取代，而后者面对汤米·希尔菲格（Tommy Hilfiger）也正节节败退。如果采用多品牌战略，企业即可通过适时推出新品牌来保持市场领先地位。年轻人不再青睐李维斯，而转向了更时髦的品牌，如 FUBU 和迪塞（Diesel），因为他们不想和父母穿同一个牌子的衣服。李维斯的母公司（Levi Strauss）应当专门为其当前顾客的下一代推出新的牛仔品牌。

（Geritol）营养液专为老年人而设，是一个成功的产品案例。

　　Aim 牙膏则是针对孩子的一款不错的产品。面对佳洁士和高露洁双雄割据的市场，它赢得了 10% 的牙膏市场份额，成绩斐然。

　　不同时间段也有可能作为定位战略。奈奎尔（Nyquil）就是其中一例，它是第一个夜间服用的感冒药。

　　分销渠道是另一个可能的定位战略。蛋袜（L'eggs）是第一个在超市和大卖场销售的袜类品牌。如今，它已成为领先品牌，销售额数以亿计。

　　还有一种可能的战略是针对重度消费者的定位。"你想多喝几瓶的时候，就喝这种啤酒"（The one beer to have when you're having more than one），这一广告将 Schaefer 定位成啤酒重度消费者的品牌。大约 20 年前，当 Schaefer 的广告运动开始时，纽约市有五家啤酒厂。如今，只剩下一家，那就是 Schaefer。

"嗨！妈妈，孩子喜欢这种口味，因此刷牙的时间会更长。"自从 Aim 公司放弃了这一定位于孩子的战略之后，其市场份额就从 10% 下滑到了 0.8%。我们早就说过：定位不用，就会失去。

工厂空位陷阱

　　寻找空位时常犯的错误是填补工厂空缺而非心智空位。

　　福特公司的埃德塞尔（Edsel）牌汽车就是经典案例。在可怜的埃德塞尔惨淡收场之后，大多

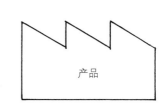

产品

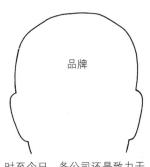

品牌

时至今日，各公司还是致力于制造产品而不是打造品牌。产品制造是在工厂里，而品牌打造则是在心智中。如今要想成功，你必须打造品牌而不是制造产品。而品牌打造需要通过定位战略来实现，首先你得给产品取一个好名字。任何取名埃德塞尔的汽车品牌都注定会失败。

数嘲讽者并没有发现问题的症结所在。

本质上，福特公司的出发点有误。埃德塞尔是从企业内部定位的一个漂亮案例，它填补了林肯、水星和福特之间的空缺。

从工厂内部来看，这是个不错的战略。但是，从外部来看，情况相反，因为当时市场上该品类已经被表面镀铬⊖、价位中等的汽车所充斥，根本就没有埃德塞尔的位置。

如果将埃德塞尔定位为"高性能"汽车，并配备造型优美的双门和凹背座椅，再取个相称的名字，就不会被人取笑了。它原本可以占据一个别人尚未占据的空位，那样的话，故事的结局也许就会不同。

另外一个"填补工厂空缺"的错误是《国家观察者报》（*National Observer*），它是第一份全国性的周报。

《国家观察者报》的发行商道·琼斯公司，同时也出版《华尔街日报》，但是仅周一至周五发行。于是，你会听到有人说："我们来出一份周报填补这个'工厂空缺'吧。这样就能免费共用那些昂贵的日报印刷设备了。"

但是，潜在顾客心智中的空位在哪里？他们可能已经订阅了《时代》《新闻周刊》《美国新闻与

⊖ 20世纪30年代，镀铬技术的应用，使得汽车外观看起来更奢华、时尚。——译者注

世界报道》以及其他新闻杂志。

你会说："啊，可是《国家观察者报》是周报，不是杂志。"又一个为逞口舌之能而输掉营销之战的例子。

技术陷阱

如果人们心智中没有空位，即使是实验室研究出来的伟大技术成果也不会成功。

1971 年，百富门酒业集团（Brown-Forman Distillers）推出了第一款"干白威士忌"，即 Frost 8/80。

Frost 8/80 本应大获成功，因为该领域有一个大空缺：除它之外，再无其他白威士忌。就像百富门酒业集团总裁威廉·卢卡斯（William F. Lucas）说的："它令公司内部群情激奋，却使竞争对手咬牙切齿。"

然而，不出两年，Frost 8/80 就败北了，公司损失了数百万美元。其实际销量仅 10 万箱，只达到公司预期目标的 1/3。

问题出在哪里？不妨从潜在顾客的角度来看看这一定位。

第一种白威士忌？不对，至少还有另外四种，分别是杜松子酒、伏特加、朗姆酒和龙舌兰酒。

事实上，Frost 8/80 在广告里鼓励潜在顾客把

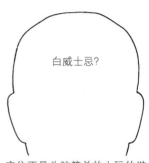

白威士忌？

定位不是头脑简单的人玩的游戏。没错，白色的威士忌在产品上是第一个，但在人们心智中不是，而后者至关重要。心智中的威士忌是棕色的。怎么会有白色的威士忌呢？Frost 8/80 和第一种白色啤酒"透明米勒"（Miller Clear）或第一种白色可乐"水晶百事"（Crystal Pepsi）一样，最终落败。啤酒是浅棕色的，而可乐是红棕色的。要想混淆心智中的这些颜色，也就是试图挑战人们头脑中那些根深蒂固的观念，别白费心思了。但是，企业从不吸取教训。眼下，亨氏公司正打算推出绿色番茄酱。但是，人们心智中的番茄酱是红色的。

这种新型威士忌当作其他蒸馏烈酒的替代品。据广告所说，Frost 8/80 可以像伏特加或杜松子酒那样调成马提尼鸡尾酒，或像苏格兰威士忌或波旁威士忌那样调成曼哈顿和威士忌酸酒鸡尾酒。

不要和潜在顾客玩文字游戏。广告并非辩论，而是为了"诱惑"消费者。

潜在顾客不会安静地坐着，听你讲文字上的细微道理。正如有位政治家说过："如果它看上去像鸭子，走起路来也像鸭子，我敢说它就是鸭子。"

满足所有人需求的陷阱

有些营销人员反对"寻找空位"的观点。他们不想被某个具体的定位所束缚，因为他们认为那样会限制销售，或者错失良机。

他们想满足所有人的需求。

多年前，品牌比现在少得多，广告也比现在少得多，想吸引所有消费者可以说是合理的做法。

曾经，在政界，如果一个政治家对任何一件事情采取强硬的立场，都无异于自杀。不要得罪任何人。

但是，如今，无论在产品领域里还是在官场上，你都必须拥有自己的定位。竞争太激烈了，不树敌或者想满足所有人的需求，是不可能成功的。

企业所犯的最大错误就是试图吸引每一个人，即"满足所有人需求"的陷阱。与其问自己"我们想吸引哪些人"，还不如反过来问"哪些人不应该用我们的品牌"。大多数企业会发现，它们的战略其实没有排除任何人。当今的营销竞争如此激烈，如果不做出取舍，根本毫无胜算。

　　要想在当今的竞争环境里取胜，你必须走出去交朋友，切取一个细分的利基市场，尽管你会因此失去其他市场。

　　如今，如果你已经跻身官场或者企业已经拥有可观的市场份额，满足所有人的需求也许还能使你继续维持下去。但是，如果你想要从零开始建立你的定位，这个陷阱会置你于死地。

POSITIONING

第 8 章

08

重新定位竞争对手

有时候，你找不到空位。如今，市场上每个品类都有成百上千种产品，发现空位的机会十分渺茫。

以当前一家普通超市为例。它陈列了 10 000 多种不同的商品或品牌。这意味着一个年轻人需要在头脑里将 10 000 多个不同的名字分门别类。

当考虑到一个大学毕业生的口语词汇量通常只有 8000 个的时候，你就会清楚问题的所在。

这个孩子上了四年大学，到头来却还差 2000 个单词。

创建自己的空位

鉴于每个品类的产品都已过剩，企业该如何运用广告进入消费者的心智？最基本的营销战略是"重新定位竞争对手"。

由于可供填补的空位太少，企业必须通过重新定位已经占据心智的竞争对手来创建空位。

换言之，要想把一个新概念或新产品移入心智，就必须首先把心智中原有的相关概念或产品清除。

哥伦布说："地球是圆的。""不，不对，"公众说，"地球是平的。"

为了说服公众接受这一新观点，15 世纪的科学家首先必须证明地球不是平的。

其中，他们提出的比较有说服力的一个观点

关于成为第一的威力，再举一例：第二个带队探索新世界的船长叫什么名字？ 1497 年，也就是在哥伦布首次远航 5 年后，约翰·卡伯特（John Cabot）率领一支英国探险队最终抵达圣劳伦斯海湾（St. Lawrence）。当约翰回到伦敦，亨利国王只赏赐了他区区 10 英镑，草草了事。没有名扬四海，也没有飞黄腾达，更没有作为第二位探险家而青史留名。

是：当远方的船从海上开过来的时候，水手首先能看到的是桅杆，然后是帆，最后才是船身。如果地球是平的，他们立马就能看到整条船了。

世界上所有的数学理论都不及一个简单的观察来得有效，因为对于观察所得的结论，公众可以自行验证。

一旦旧概念被推翻，新概念的推广往往变得简单至极。事实上，人们往往会主动寻找新概念以填补空虚。

另外，也不必害怕冲突。重新定位的关键在于动摇既有观念、产品或者人的定位。

冲突（即便是私人冲突）能够使人一夜成名。

要是没有理查德·尼克松（Richard Nixon），有谁会知道山姆·欧文（Sam Ervin）？

同样地，要是没有阿尔杰·希斯（Alger Hiss），又有谁会知道尼克松？

还有，拉尔夫·纳德（Ralph Nader）成名靠的不是推销自己，而是单枪匹马地挑战世界上最大的公司。

人们喜欢看到泡沫破灭。

重新定位阿司匹林

泰诺的问世打破了阿司匹林的泡沫。

"为了千千万万不应服用阿司匹林的人，"泰诺广告中说道，"如果您经常感到胃部不适……如果您有胃溃疡、哮喘、过敏或者缺铁性贫血，请在服用阿司匹林前务必咨询您的医生。"

"阿司匹林会刺激胃黏膜，"泰诺广告继续说道，"引起哮喘或过敏反应，并导致胃肠道微量隐性出血。"

"幸好，有泰诺……"

说完 60 [一]个词之后，才提到广告主的产品。

泰诺对乙酰氨基酚销量大增。如今，泰诺成了解热镇痛剂第一品牌，其销量超过安纳辛（Anacin）、拜耳（Bayer）、百服宁（Bufferin）、埃克塞德林（Excedrin）。一个简单而有效的重新定位战略发挥了作用。

泰诺打败了大名鼎鼎的阿司匹林。这简直不可思议！

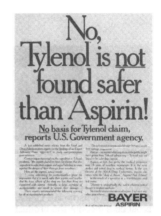

拜耳公司试图通过广告对泰诺的说法提出抗议。这不是个好主意。如此一来，这反而证实了泰诺的广告词。潜在顾客会认为："既然拜耳阿司匹林如此担心泰诺，以至于不惜花费百万美元打广告来驳斥对方，那么，由此可见，关于阿司匹林会导致胃出血的说法并非空穴来风。"

现在，布洛芬（Advil）是第二品牌。"新一代止痛药"的口号重新定位了整个品类。

重新定位雷诺克斯

要使重新定位战略有效，你必须揭示竞争对手产品的弱点，以改变潜在顾客对竞争对手产品的认知，而不只是说你自己的产品有多好。

皇家道尔顿（Royal Doulton），英国特伦河畔斯托克市生产的瓷器；雷诺克斯（Lenox），美国新泽西州波莫纳市生产的瓷器。

请注意，皇家道尔顿是如何重新定位雷诺克斯瓷器的，后者曾被许多消费者认为是进口产品。（雷诺克斯？听上去像英国的，对吧？）

皇家道尔顿把该公司 6% 的新增市场份额归功于这一则广告。

已故的霍华德·戈西奇（Howard Gossage）曾经说过："广告的目的根本不是为了向消费者及

[一]　此处以英文原版字数为准。——译者注

光说你的产品（皇家道尔顿）是高档英国瓷器还不够。竞争品牌（雷诺克斯）已抢先进入心智。此外，雷诺克斯这个名字，会让潜在顾客误以为该产品来自英国。皇家道尔顿重新定位了雷诺克斯，指出其真实产地是美国新泽西州的波莫纳。

潜在顾客传播信息，而是为了威慑竞争对手的广告撰稿人。"这话不无道理。

重新定位美国伏特加

有一则广告上说："大部分美国伏特加看似产自俄罗斯。"该广告配有字幕说明："萨莫瓦（Samovar）产自宾夕法尼亚州的申利（Schenley）；斯米诺（Smirnoff）产自康涅狄格州的哈特福德（Hartford）；沃夫斯密特（Wolfschmidt）产自印第安纳州的劳伦斯堡（Lawrenceburg）。"

该广告继续说道："红牌（Stolichnaya）则不同，它真正产自俄罗斯。"酒瓶上则有标签注明："原产地：俄罗斯列宁格勒。"

毋庸置疑，红牌伏特加的销量因此直线蹿升。

可是，为什么一定要贬低竞争对手呢？红牌的进口商百事可乐公司，难道不能直接以"俄罗斯伏特加"做广告吗？

当然可以。但是，这样就等于假设了美国的伏特加消费者有兴趣研究各个品牌的产地。事实上不是。

有多少人会拿起酒瓶看标签上的产地呢？况且，那些名字本身就已经暗示了俄罗斯"血统"（至少听上去是这样的）。正因为如此，红牌伏特加才会获得惊人的成功。

人们喜欢看到高大上者被戳穿，喜欢看到泡沫破裂。

另外，请注意，其他伏特加品牌的广告是如何落入红牌伏特加的埋伏圈的。

那是俄罗斯的黄金岁月。在那个传奇时代，沙皇犹如巨人般高大威猛。他能在膝盖上掰弯铁棍，徒手捏碎银币。他嗜酒如命，无人能及，他喝的就是真正的伏特加——沃夫斯密特伏特加。

然后，读者往后翻一页，就看到了红牌的广告，并从中得知沃夫斯密特产于印第安纳州的劳伦斯堡。

之后，阿富汗战争爆发，红牌伏特加突然陷入困境。但是，这只是暂时的。只要美国不向俄罗斯开战，这场风暴很快就会过去，红牌必将卷土重来，且声势更甚从前。

红牌抓住了俄罗斯伏特加这一定位，可是，后来在阿富汗危机中红牌开始临阵退缩了。它不仅放弃了俄罗斯伏特加的诉求，而且在广告中对自己的俄罗斯血统只字不提。结果，绝对（Absolut）伏特加有了可乘之机，在进入伏特加市场后，抢占了领导者地位，并保持至今。

重新定位品客

品客薯片是怎么回事呢？宝洁公司出资 1500 万美元，人张旗鼓地推出这种"新奇的"薯片，并迅速夺得了 18% 的市场份额。

接下来，博登公司（Borden）的智慧薯片（Wise）这一老品牌，用一个经典的重新定位战略进行了反击。它在电视上宣读产品标签的内容：

智慧薯片的成分是：土豆、植物油和盐。

品客薯片的成分是：脱水土豆、甘油一酸酯和甘油二酸酯、抗坏血酸以及丁基羟基苯甲醚。

品客的销量随即大跌，市场占有率从可观的18%下降到10%，远低于宝洁公司25%的预期目标。

奇怪的是，调研中发现了另外一个问题：顾客对品客最通常的抱怨是它"吃起来就像硬纸板"。

这可以说是意料之中的事情，消费者在接触"甘油二酸酯"和"丁基羟基苯甲醚"这些词之后就会有这样的反应。无论是美学还是味觉上的"口感"，都源于心智认知。你的眼睛只能见你所想见，你的舌头只能尝你所想尝。

如果有人强迫你喝一大杯 H_2O，你的反应很可能是负面的，而如果你自己要了一杯水，你可能感觉挺好的。

正是因为这样，两者的差别不在于物质上，而在心智中。

最近，这家辛辛那提市的大公司改变了战略：品客将被打造成一种"全天然"的产品。

然而，覆水难收。无论是官场还是包装产品市场，规则都是：一旦失败，永难翻身。品客要想收复失地，就像贝拉·阿布朱格⊖要东山再起一样难。

我们错了。过了一阵子，品客确实杀了个回马枪，它的战略是强调其真正与众不同之处——包装。然而，品客再也没能实现市场领导者的目标，而这个目标正是宝洁公司在推品牌之初所期盼的。

⊖ 贝拉·阿布朱格（Bella Abzug，1920—1998），美国女权运动领袖，后被喻为昙花一现的人物。——译者注

在心智中的某个小角落，有一个写着"失败者"的受罚席[⊖]。一旦你的产品被放入其中，游戏就结束了。

不如回到原点，重新开始。以一个新名字，推出新产品。

在所有公司当中，宝洁公司本应最清楚重新定位的力量，应当事先采取措施保护品客。

在这个由乐事和莱芙士（Ruffles）公司主导的品类里，品客如今依然排不上名次。

重新定位李施德林

Scope 漱口水是宝洁公司发起的最有影响力的项目之一。仅凭两个字——"药味"就重新定位了素有"清新口气之王"美誉的李施德林。

这两个字足以破坏李施德林极为成功的广告主题："你憎恨的味道，一天两次"。

Scope 因此从领导品牌李施德林手中成功夺走了几个百分点的市场份额，并且稳居第二。

李施德林和 Scope 之间的这场较量殃及了其他几个品牌。Micrin 和 Binaca 被淘汰出局，而 Lavoris 的市场份额也出现萎缩。（这正应了一句非洲谚语："大象打架，蚂蚁伤亡。"）

但是，不得不承认，Scope 并没有取得理论上应有的市场成功。

在推出 Scope 之前，我们就很清楚：市场调研的结果会显示，消费者很难接受一种"口感不那么差"的漱口水。然而，宝洁公司却打破传统漱口水的思维，推出了一种口感好的品牌。无论从产品还是从定位传播的角度看，这都是一个好战略。不尝试，就永远不会知道行不行。只要想得到独特的定位，就有机会开发出成功的品牌。

⊖ 受罚席，在冰球运动中，让受罚球员待着以接受判罚、等待判罚时间结束的地方。——译者注

我们当初对这个名字的看法错了。如今，Scope 与李施德林平分秋色。不过，一个更好的名字有可能使 Scope 成为漱口水中的主导品牌。

为什么？再看看该品牌的名字吧。

Scope？听上去像是帕克兄弟公司生产的一种棋盘游戏，而不像一种味道不错的漱口水，让你用了就能深受异性青睐。假如给 Scope 起一个类似 Close-up ⊖ 牙膏那样的名字，就能让这个出色的重新定位战略获得相称的销量。

重新定位与比较性广告

看下皇冠（Royal Crown）的这则广告：一项 100 万次的口味测试表明，皇冠可乐分别以 57%:43% 和 53%:47% 击败了可口可乐和百事可乐。为什么此类广告缺乏可信度？因为人们心里会想："如果皇冠的口味当真胜过可口可乐和百事可乐，那它早就是第一品牌了。既然不是，那它就不可能更好喝。"

泰诺、Scope、皇家道尔顿以及其他一些重新定位项目的成功，催生了一大批类似的广告活动。然而，这些模仿者的宣传往往抓不住重新定位战略的精髓。

"我们比竞争对手更好"不是重新定位，而是比较性广告，并且效果不佳。此类广告在逻辑上存在一个心理漏洞，潜在顾客很快就会察觉到："既然你那么聪明，怎么还没有飞黄腾达？"

这就是人们看到"百事挑战"时的典型反应。百事可乐的广告声称：喝可乐的人里面，半数以上更喜欢百事。

事实上，在打出第一则"百事挑战"广告的达拉斯市，百事公司赢得了几个百分点的市场份额。然而，百事可乐和可口可乐之间的差距如此

⊖ "亲近"的意思，该牙膏在中国的品牌名为"皓清"。——译者注

大，以至于这几个百分点实在是微不足道。

"百事挑战"广告开始之后，可口可乐在纽约（美国最大的软饮料市场）的市场份额非但丝毫未减，反而上浮了几个百分点。

只要看看其他的比较性广告，就能发现，这类广告之所以大多无效，原因在于没有重新定位竞争对手。

非但如此，广告主还把竞争对手当成参照标杆，然后告诉读者或观众自家品牌更好。当然，潜在顾客已经预料到广告主会这么说了。

"Ban 比 Right Guard、Secret、Sure、Arrid Extra Dry、Mitchum、Soft & Dry、Body All 和 Dial 都更有效。"Ban 最近的一则广告如是说（该广告本身就该被禁止[⊖]）。

重新定位合法吗

假如贬低是非法的，政治家都得进监狱（许多夫妻也会惹上大麻烦）。

实际上，联邦贸易委员会在促成重新定位广告方面功不可没，至少在电视广告上是这样的。

1964 年，全国广播公司（National Broadcasting Company，NBC）取消了对比较性广告的禁令，

Ban 的这则广告是比较性广告，而非重新定位广告。因此，这种与除臭剂行业内其他品牌进行比较的方式，对 Ban 建立定位毫无帮助。当潜在顾客看到此类广告时，会加上一句："在生产商看来，Ban 的效果比……更好。"而对于普通消费者来说，如果看到"Right Guard 的效果比……更好"这样的与 Ban 做法类似的广告，也不会感到奇怪。

⊖　作者的幽默说法，因为 Ban 有"禁止"的意思。——译者注

但是影响不大。电视广告的制作成本高，很少有广告主会愿意同时制作两个版本，一个在 NBC 上播出，另一个在另外两家广播公司播出。

于是，1972 年，联邦贸易委员会敦促美国广播公司（American Broadcasting Company）和哥伦比亚广播公司（Columbia Broadcasting System）允许播放提及竞争品牌的商业广告。

1974 年，美国广告公司协会（American Association of Advertising Agencies）颁布了新的比较性广告实施准则，表明以往政策发生了彻底转变。以前，协会从不赞成其成员使用比较性广告。

1975 年，控制着全英国电台和电视的独立广播事务管理局（Independent Broadcasting Authority），为"攻击性"广告开了绿灯。

当联邦贸易委员会现任主席迈克尔·珀楚克（Michael Pertschuk）被问及，是否反对提及竞争对手的广告时，他的回答是："绝对不会。我们觉得此类广告棒极了。"

重新定位合乎道德吗

过去，广告制作是孤立的。也就是说，先对某个产品及其特点进行研究，然后再用广告向顾客和潜在顾客传递这些特点的好处。至于竞争对手的产品是否也有这些特点，关系不大。

传统广告的做法是忽略竞争对手，阐述自己的特点时就像是这些特点竞争对手没有说过似的。若是提及对手，就会被认为不仅品位低俗，而且战略拙劣。

然而，在定位时代，这些法则被打破了。为了建立定位，你不但必须经常提到竞争对手的名字，而且还得把大多数旧式广告法则置之脑后。

对于很多品类，潜在顾客早就了解这些产品的好处了。要想登上他们的心智阶梯，就得把你的品牌和心智中的既有品牌联系起来。

然而，重新定位战略虽然有效，却也引起了不少争议。许多广告人强烈反对使用这种战略。

一位老派的广告人这样说道："时代变了。广告主不再满足于各凭本事推销自家产品了。如今，广告的主题是某一家的产品比别家的强多少。情况如此糟透，以电视广告最为恶劣，当着数百万人的面，展现竞争对手的产品，并加以贬低。应当出台相关法规以限制这种不道德的营销手段。"

"比较性广告并不违法，"一家排名前十的广告公司的董事长说，"也不该违法。不过，如今广告界的做法其实是对那些自以为有教养、高尚和体面的公司行为的一种嘲讽。"

或许就是如此。拿破仑打破了文明战争的规则，历史却把他歌颂为一位军事天才。

教养与高尚也许是值得钦佩的品质，但在广告战中不是。

人们很容易相信产品或个人的负面消息，却不敢相信产品或个人的好消息，这个社会是不是病态的？

报纸把坏消息放在头版，而把好消息（如果它会发布的话）和社会新闻专栏一起放在尾版，报纸做错了吗？

传媒业就像个长舌妇，靠坏消息为生，而非

在进行重新定位竞争对手的宣传时，要做到"公平"，也就是说，应该以合乎道德的方式对待竞争对手。Ragu 过去是（现在仍然是）头号意大利面调味酱品牌，然而其市场份额在 Prego 把自己成功定位成"浓稠型"意面酱之后，显著下滑（Prego 的电视广告对这两个品牌进行了实名比较）。这种做法行之有效的原因之一是："稀薄型"意面酱未必不好。意大利（或者旧式）的意面酱就是稀的。随你喜欢。如果你喜欢稀的，就买 Ragu；喜欢浓的，就买 Prego。

我选我味

和所有有效的重新定位宣传一样，汉堡王传递的信息具有"两面性"：一方面，汉堡王说你可以在店里吃到按照你的要求制作的汉堡；另一方面，也暗示了麦当劳的服务速度之所以更快，是因为其产品是标准化生产的。没有一种方法能够满足所有人的需求。事实上，汉堡王后来中止该宣传活动，正是因为服务速度慢了。汉堡王的下一个宣传也具有重新定位的性质，即"烤制非油炸"，后来成了该公司有史以来最成功的广告。"这是读了你们的书之后得到的启发"，公司总裁杰夫·坎贝尔（Jeff Campbell）在1982年写给我们的信中说。后来，坎贝尔聘请我们研究一套后续战略。请看本章最后一行，我们建议汉堡王把自己定位为给大一点的孩子，而不是那些在麦当劳店里玩耍的2～6岁的孩子开的汉堡店。其主题是"长大要吃汉堡王烤的味道"。我们采纳了该公司的建议，把这个"长大项目"和它的广告公司进行了沟通，但是未被广告公司接受。这个重新定位战略未被实施，是我们有生以来的几大遗憾之一。

好消息。

这可能不是你所期望的社会，但是现实就是这样。

要想在这个传播过度的社会里取得成功，就得遵循既定的游戏规则，而非你自己的那一套。

别气馁。从长远来看，对竞争对手的少许"贬低"要比过去大量的"自吹自擂"更有意义。

诚实与公正的重新定位，可以让竞争对手不敢怠慢。

在汉堡王发起"我选我味"这个出色的重新定位宣传之前，麦当劳的店员只满足于用一种方式销售汉堡，即麦当劳的方式。如今，就连麦当劳叔叔都能在家里吃到"不加酸黄瓜和番茄酱"的汉堡了。

要是谁能开一家"没有小小孩（without kids）的汉堡店"就好了。

第 9 章

09

名字的威力

名字就像钩子，利用它把品牌挂在潜在顾客心智中的产品阶梯上。在定位时代，你唯一能做的最重要的营销决策就是给产品起名。

莎士比亚错了。玫瑰如果叫别的名字，闻起来就不会那么芬芳了。[一]你不仅只能看到你想看到的，也只能闻到你想闻到的。因此，香水营销中唯一最重要的决策就是如何给品牌命名。

"阿尔弗雷德"牌香水会和"查理"牌卖得一样好吗？不可能。

加勒比海的诸岛一直默默无闻，直到改名为天堂岛。

哪些名字好

不要以史为鉴，选一位法国赛车手的名字（雪佛兰）或者巴黎代表的女儿的名字（梅赛德斯）作为品牌名。

过去管用的东西，现在或将来未必管用。过去，产品少，信息传播量小，名字没那么重要。

然而，如今一个苍白无力、毫无意义的名字已经难以进入心智。你应该寻找的是一个可以开启定位程序的名字。这个名字要能够告诉潜在顾客，产品的主要利益点是什么。

例如，海飞丝（Head & Shoulders）洗发水、倍护（Intensive Care）润肤乳、纤体（Slender）低热量饮料和皓清牙膏。

又如，电力更持久的永久（DieHard）电池、创新的 Shake'n Bake 炸鸡粉以及刮得更干净的锋利（Edge）剃须膏。

但是，名字不应该"突破边界"，也就是说，名字如果太过接近产品本身，就会变成一个通用名称，可以指向同类别的所有产品，而不是一个特

[一] 莎士比亚在《罗密欧与朱丽叶》中有句名言："名字有什么关系？把玫瑰叫作别的名字它照样芬芳。"——译者注

定品牌的商标名。

"米勒公司的莱特啤酒"就是一个典型的"过界的"产品名称。⊖于是，现在出现了"喜立滋淡啤""安海斯 – 布希天然淡啤"及一大批其他淡啤。公众和新闻界很快就把"莱特"这个名字篡改为"米勒莱特"，米勒公司因此失去了把"淡啤"（light）或者发音相似的"莱特"（lite）作为啤酒商标的专用权。

今后，商标代理会把莱特当成使用描述性词语作为商标的一个反面例子（律师都喜欢"生造"的名字，如"柯达"和"施乐"）。

选名字就像开赛车一样，要想赢，就得冒险。你得选择那些近乎通用的名字又不是通用的名字的名字。如果你一时偏离赛道，进入了通用名称地带，那就随它去吧。没有哪一个世界赛车冠军在问鼎之前不经历几回波折。

选择一个响亮、接近通用又带描述性的名字，可以阻击竞争对手跟风进入你的领地。一个好名字是长期成功的最佳保障。《人物》（*People*）是一个不错的娱乐杂志名称，并且非常成功，而跟风品牌《我们》（*US*）则陷入了困境。

作为第一个进入心智的淡啤品牌，莱特有着很多优势。不过，这个通用名称最后却变成了一个严重的劣势。经过更名为"米勒莱特"，该品牌目前只能屈居第二，位于百威淡啤之后，而且有可能会输给康胜淡啤（Coors Light），退居第三。

名字的可选性成了当今商标注册的头号难题。美国已有160万个注册商标，而欧洲有300万个。买一个现成的商标往往要比注册一个新的省事多了。

⊖ 莱特啤酒"Lite beer"与通用名称淡啤"light beer"在英文中发音一致，导致米勒公司无法用"Lite beer"建立品牌。——译者注

哪些名字不好

而作为每周一期的新闻杂志，《时代》这个名字就比不上《新闻周刊》，因为后者更为通用。

《时代》是第一份新闻周刊，并且显然很成功。但是，《新闻周刊》落后并不多（事实上，《新闻周刊》每年刊登的广告量超过了《时代》）。

很多人认为"时代"是一个了不起的杂志名。从某种意义上说，的确如此，这个名字简短、醒目、易记，但是，同时也含糊、隐晦（《时代》也可以是一份钟表行业的杂志⊖）。

《财富》杂志的名字也有同样的问题（《财富》可以是一份面向股票经纪人、零售商或赌徒的杂志，所以，这一名字不够明确）。《商业周刊》这个名字就好多了，也是更成功的一份杂志。

名字也会过时，这为警觉的竞争对手留出了空位。

对于一份针对都市年轻男士的杂志来说，《时尚先生》（*Esquire*）是个很好的名字。过去，那些都市年轻男士签名时，总喜欢加上"先生"二字，如"约翰 J. 史密斯先生"（John J. Smith, Esq.）。可是，《时尚先生》的领导地位还是输给了《花花公子》，人人都知道花花公子是什么样的、喜欢什么。喜欢女孩，对吧？然而，时尚先生是什么样

TIME
Newsweek

不得不承认，现在看来，《时代》的名字比《新闻周刊》这个通用的名称更好。同样，《财富》也好过《商业周刊》。当时，我们被后两家采用通用名称的杂志的明显成功所误导。杂志业有"进入壁垒"，通用名称的弊端，不会像包装商品等行业那样明显。在超市或杂货店里，一个新品类通常会带来大批使用通用名称的产品，造成混乱，所以使用通用名称的品牌很少会畅销。

⊖　因为"Time"一词也有时间的意思。——译者注

的？他又喜欢什么呢？

多年来，《游艇》（*Yachting*）一直是航海类杂志的领先者。但是，如今还有多少时尚先生拥有游艇呢？因此，我们预测，《游艇》迟早会被《帆船》（*Sail*）之类的杂志取代。

在几乎所有广告都刊登在报纸和杂志上的年代里，《印刷者》（*Printer's Ink*）对于一份为广告界服务的杂志来说是个好名字。可是，如今广播及电视已成为和印刷刊物一样重要的媒体。因此，《印刷者》已成明日黄花，而《广告时代》风华正茂。

《华尔街日报》是当今最具影响力的报刊之一，并且尚无实力相当的对手。但是，对于一份商业日报来说，这个名字并不合适，它暗示了该报纸覆盖面窄，偏重财经。然而，实际上，该报涵盖了商业的方方面面。

从这些观察结果中就能发现机会。

钟情于自己的发明创造的工程师和科学家，应该对一些确实很糟糕的名字负责，比如 XD-12（可能代表"第 12 号实验方案"）。这些内部暗语在潜在顾客心智中毫无意义。

以门侬（Mennen）维生素 E 除臭剂为例，人们往往受字面意思影响，顾名思义。尽管门侬维生素 E 除臭剂上市花了 1000 万美元做广告，但是注定会失败。问题就出在名字上，就连它的上市广告也承认这个想法有点怪："维生素 E 除臭剂，不可

词语也会过时。现在的花花公子绝对不会再自称"花花公子"了，这为面向年轻男士的新杂志创造了机会。《马克西姆》（*Maxim*）是其中的大赢家，被《广告时代》评选为年度最佳杂志。没有哪个品牌会长盛不衰。产品会过时，服务会过时，连名字也会过时。聪明的公司不会浪费钱去维护过去，而是利用变化带来的机遇适时推出新品牌。《花花公子》本应推出一份名称类似《马克西姆》的新刊物，而不应让别人占了先机。

"One"是所有品牌名中用得最泛滥的一个词，对任何产品来说都是一个糟糕的选择。除了Pepsi One（没有推广成功），还有 Bank One、Channel One、CommerceOne、eOne、Fiber One、Global One、Mobil 1、Network One、OgilvyOne、One 2 One、One Health Plan、One.Tel、OneCoast、One point、OneSoft、Oneworld、PureONE、Purina One、Radio One、Schwab OneSource、Source One、Square One、StratumOne、VerticalOne、V-ONE、Westwood One 等。

如今，没有比互联网公司那些没有含义的名字更夸张的了。这些名字几乎不可能被记住。

思议。"

它确实不可思议。也就是说，除非该产品面向的是那些希望拥有全国最强壮、营养最丰富、最健康的腋窝的人。

那"Breck One"和"高露洁100"呢？如今，毫无含义的名字实在太多了。

由于许多品类里各产品的差异微不足道，一个更好的名字就意味着销售额上数百万美元的差别。

何时可用没有含义的名字

那些使用生造的、没有含义的名字（如可口可乐、柯达和施乐等）并且明显成功了的公司又是怎么回事呢？

对许多人来说，学习定位思维的难点之一是不理解时机的重要性。

第一个以新产品或新概念进入人们心智的公司一定会出名，不管名字是林德伯格、史密斯还是小矮人。

可口可乐是第一个可乐，柯达是第一个低价胶卷，而施乐则是第一个普通纸复印机。

以"Coke"⊖这个词为例。由于可口可乐的成功，它的昵称"Coke"获得了语义学家所谓的

⊖ Coke，有"焦炭"和"可卡因"的意思。——译者注

第二语义。

你会不会用含义为"煤在隔绝空气的情况下燃烧后的产物"的词或者可卡因的俗称来命名一种软饮料呢？

"Coke"的第二语义如此强，以至于可口可乐公司丝毫不用担心这个词本来的负面含义。

但是，为新产品起一个生造的、没有含义的名字（如 Keds、Kleenex 或 Kotex 等）至少是有风险的。只有当你是全新产品并且第一个进入心智，而广大消费者又必定需要你时，才能够起一个没有任何含义的名字。

当然，在这种情况下，起什么名字都行。

因此，还须坚持使用常见的描述性词（如 Spray'n Wash），避免生造的词（如 Qyx）。

通常，用得最多的五个字母是 S、C、P、A 和 T，用得最少的是 X、Z、Y、Q 和 K。在 8 个英语单词里面就有一个是以 S 开头的，而 3000 个单词里面才有一个以 X 开头的。

负面名字也能变成正面名字

科技不断创造出新的、改进型产品。然而，这些产品往往因为起了个二流的跟风名字而先天不足。

以人造黄油（margarine）为例。尽管该产品

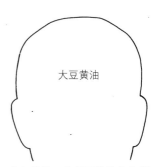

大豆黄油

这仍然是一个很不错的定位概念。人造黄油一直被当作假黄油。心智一旦形成认知就难以改变，消除负面影响的更好的策略是换一个名字。"大豆黄油"是真黄油，不同的是它提炼自大豆而非牛奶。

已经问世好几十年了，但是，至今仍被当作假黄油（捉弄"大自然母亲"可不好）。

如果从一开始就起个好名字，情况会好一些。那人造黄油应该叫什么呢？不如就叫"大豆黄油"（soy butter）。

像人造黄油这样的名字存在一个心理上的问题，那就是具有欺骗性，即掩盖了产品的本源。

人人都知道黄油来自牛奶。那么，人造黄油呢？由于产品的本源被掩盖了，潜在顾客就会认为人造黄油里肯定含有什么不好的成分。

揭示产品的原貌

消除顾客负面反应的第一步就是揭示产品的真相，通过使用一个带有负面含义的名字来有意扭转局势，如"大豆黄油"。

如此一来，就可以制定一个长期的宣传项目来宣传大豆黄油相对于牛奶黄油的优势。这样做的要点是突出"以产品的本源为荣"，正如大豆黄油这个名字的内涵那样（同理，花生黄油也一样）。

从"有色人种"到"黑鬼"再到"黑人"，这个变化过程所反映的也是同样的道理。

"黑鬼"⊖是一个类似人造黄油的名字，把黑

尽管"非裔美国人"这个名字有点长，但是其优点在于把注意力从肤色转移到了血统上。这是对战略的又一次改进。如果想要改变一个根深蒂固的观念，通常首先要做的就是换个名字。

⊖ Negro，英文含义中没有直接体现肤色，是一种蔑称。——译者注

人永远地列为二等公民。而"有色人种"还不足以扭转局势，因为其中的暗示是肤色越浅越好。

"黑人"这种说法就好得多，有可能演变成"以黑皮肤为荣"，这是走向长期平等的关键第一步（有人愿意做白人，而有人愿意做黑人，各有所好）。

在给人或者产品起名字的时候，不应让竞争对手霸占你需要用以描述自家产品的那些词语，比如人造黄油案例中的"黄油"一词，或玉米糖浆案例中的"糖"字。

几年前，科学家发现了一种从玉米淀粉中提取甜味剂的方法，结果产生了右旋糖、玉米糖浆和高果糖玉米糖浆三种产品。

拥有"高果糖玉米糖浆"这样的名字，难怪连业内人士都会认为，相比于蔗糖或"真正的糖"，这是种仿冒产品或者二流产品。于是，玉米制品公司（美国玉米糖浆的主要供应商之一）决定为该甜味剂取名"玉米糖"，如此一来，就让玉米同甘蔗和甜菜处于平等地位。

"考虑下所有三种糖，"该公司的广告说，"甘蔗、甜菜和玉米。"

营销人士应该清楚，联邦贸易委员会监管着多个行业的通用名称，但是，说服它的方法还是有的，比如"如果我们不能称其为糖，那么我们能不能在软饮料里添加玉米糖浆，并称其为'无

这是我们为玉米制品公司做的广告。它所代表的战略几乎适用于任何一个一开始就带有负面认知的产品。也就是，要想办法站到同一条起跑线上。此外，不要说自己的产品更好，而是表明自己的产品与众不同。有三种类型的糖，请自己选吧。

政界的极右派熟知这一原则。"历史保护协会"这种名字的组织，是民权组织的死敌。

糖'产品呢？"

特殊利益集团意识到好名字的威力。"生存权运动"和"公平贸易法"就是其中两例。

又有哪位参议员或众议员敢反对"空气清洁法案"？

若想反对像"公平贸易"之类已经深入人心的概念，千万不要给竞争对手重新命名。那样只会令人困惑不解。

为抵制消费者已广泛接受的公平贸易法，反对派曾尝试将该法案重新命名为"价格维护法"。然而，时隔多年，许多实施公平贸易法的州才将其废止。

更好的策略是让名字颠倒含义，也就是说，用相同的词语表达相反的意思，以重新定位原有概念。

"对商家公平，但是对消费者不公平"就是应用该战术的例子之一。

还有更好的策略，是在强有力的名字扎根心智之前重新命名对手。"价格维护"本可以作为拦截战略，但是只有在早期才能发挥作用。这再一次证明，成为第一有多么重要。

人名的好与坏

尽管人们普遍认为"名字只是一个名字而

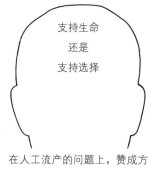

在人工流产的问题上，赞成方和反对方都挑选了最能明示其立场的正面字眼。"战斗口号"的挑选是你所要做出的最重要、最关键的决定，须三思而后行。

已",但是越来越多的证据表明,一个人的名字在其一生当中发挥着非常重要的作用。

两位心理学教授赫伯特·哈拉里(Herbert Harari)博士和约翰·麦克戴维(John W. McDavid)博士想了解为什么小学生喜欢拿那些名字特别的同学寻开心。

于是,他们做了一项实验,将不同的名字分配到据说是四年级与五年级学生写的作文上。其中,有两组名字尤其能够说明问题。

一些作文上的名字较为大众化(如大卫和迈克尔),而另一些则偏于冷僻(如休伯特和埃尔默)。每篇作文都交由不同组的小学老师打分(参与实验的老师没有理由相信他们批改的不是普通学校学生的作文)。

你相信吗?署名大卫和迈克尔的作文平均得分要比埃尔默或休伯特的高出一个分数级别。"老师从以往经验中得知,"两位教授都说,"叫休伯特或埃尔默的学生通常是失败者。"

那些名字稀奇古怪的名人又是怎么回事儿?例如,休伯特·汉弗莱(Hubert Hamphrey)和艾德莱·斯蒂文森(Adlai Stevenson)。他们俩分别败给了叫理查德(Richard)和德怀特(Dwight)这两个大众化名字的人。

假如理查德·汉弗莱和休伯特·尼克松这两个名字竞选总统,美国人会选休伯特·尼克松吗?

Ronald Reagan Robert Redford Marilyn Monroe

压头韵也是个不错的命名战略,因为这样使得名字更好记。品牌名和人名都是如此。有意思的是,很多名人的姓和名都是压头韵的。

吉米、杰里、理查德、林登、约翰、德怀特、哈里、富兰克林，自赫伯特以来，白宫的历届主人中没有一个叫"失败者"的名字。

1928 年，赫伯特·胡佛（Herbert Hoover）[⊖]击败的是谁？又一个起了个失败者名字的人——阿尔弗雷德（Alfred）。

1932 年，赫伯特的对手换成了一个"胜利者"的名字——富兰克林，所以他败下阵来，而且输得很惨。

你能对一个叫埃德塞尔的人有什么期望呢？在福特公司推出埃德塞尔[⊜]牌汽车之前，埃德塞尔就是个失败者的名字。这个名字导致了营销灾难。

再以西里尔和约翰为例。根据心理学家大卫·谢泼德（David Sheppard）的说法，即使人们不认识任何叫这两个名字的人，仍然会觉得西里尔是个鬼鬼祟祟的家伙，而约翰则是个可以信赖的人。

你只能看到你想看到的。一个差名字或者不合适的名字会引起一连串的连锁反应，这些反应只会加深你原先不好的印象。

埃尔默是个失败者。看吧，他没把活干好。我告诉过你，他不行。

说一件真人真事。纽约一家银行里有个名叫

杨·布泽？

我们并没有胡编乱造，只是陈述事实。假如你的父母给你取名"年轻的酒鬼"（Young J.Boozer），你该怎么办？据我们所知，大多数人会心平气和地听天由命。"这是我的名字，我就得接受。"别傻了，改名字吧。假如马里恩·莫里森（Marion Morrison）没有改名为约翰·韦恩（John Wayne），他能成为史上最有名的电影明星吗？我们认为不可能。

⊖ 赫伯特·胡佛，1929～1933 年任美国总统。——译者注
⊜ 埃德塞尔是福特过早去世的儿子的名字。——译者注

杨·布泽（Young Boozer）的职员。有一天，一位顾客打电话来找"杨·布泽"，接线员告诉他，"我们这有好几个年轻酒鬼，你找哪位？"

糟糕的航空公司名字

名字是信息和心智的第一对接点。

信息的有效性并非取决于名字在美学层面上的好坏，而是取决于名字合适与否。

以航空业为例。美国国内最大的四家航空公司为联合航空（United Airlines）、美国航空（American Airlines）、环球航空（Trans World Airlines），以及……

那么，你知道"美国第二大航空客运公司"的名字吗？（借用某航空公司的一句广告语）

没错，是东方航空（Eastern Airlines）公司。

和所有航空公司一样，东方航空公司也曾经大起大落。不幸的是，它失意的时候更多。旅客调查显示，在他们心目中，东方航空公司在美国四大航空公司中一直为倒数第一。

为什么？相对于全国性名字而言（如"美国"和"联合"），东方航空是一个地方性名字，因此它在潜在顾客心智中属于不同的类别。

20 年来，我们一直批评"东方航空"这个名字，直到 1989 年 3 月，该公司按照《美国破产法》第 11 章倒闭为止。弗兰克·博尔曼（Frank Borman）（前宇航员）在担任东方航空公司总裁期间，曾写信给我们，承认公司名字"多少带点地方性，而且在某些情况下难以引起全国性关注。"但是，他又指出："这个名字已经叫了 47 年。"一个差名字不管用了多少年也不会变成好名字。

 杨·布泽（Young J.Boozer），英文有"年轻酒鬼"的意思。——译者注

1969 年，我们为 Mohawk 航空公司做了一场报告，说明建议更名的原因（Mohawk 对于发型来说是个好名字，对于航空公司则不然）。1972 年，Mohawk 与 Allegheny 合并后，我们又催促这家幸存的公司赶紧换个名字。其中一个观点是："反正你们正好要给半数的飞机重新上漆"，且不说原来的名字还有个绰号叫作"痛苦不堪（Agony）的航空公司"⊖。可惜对方并未采纳此建议，而是继续沿用 Allegheny 这个名字。（Allegheny、Piedmont、Ozark，为什么很多航空公司都以山脉名命名？）1979 年 10 月，该公司总算面对现实，更名为 USAir 航空公司。如今，全美航空公司（US Airway）⊜仍在高空翱翔，东方航空却已坠落。反对意见总是相同的：问题不在于名字，而在于产品、服务和价格。其实，根本不是那么回事儿，问题出在对产品、服务和价格的认知上。一个糟糕的名字会带来不好的认知。

东方航空这个名字将其和彼得蒙航空（Piedmont）、奥扎克航空（Ozark）及南方航空（Southern）归为同一类。

你只能看到你想看到的。在美国航空或者联合航空有不愉快经历的旅客会说："不巧碰上这种事。"旅客的预期是获得良好服务，这只是个意外。

而在东方航空有过同样遭遇的旅客则会说："又是东方航空。"旅客的预期是糟糕的服务，结果再次得以证实。

东方航空并非不曾努力过。几年前，东方航空聘请了几位一流的营销专家，实行全面改革。它是第一批"喷涂机身""改善食品"和"装扮空乘"的航空公司之一，为的是提高声誉。

东方航空花起钱来毫不吝啬。多年来，该公司的广告投入在行业内都是名列前茅。在最近一年里，广告投入超过 2000 万美元。

花了那么多钱之后，你对东方航空的印象如何？它有哪些航线？沿东海岸飞往纽约、波士顿、费城、华盛顿和迈阿密，对吧？

其实，东方航空并不只在东部飞，也有飞往圣路易斯、新奥尔良、亚特兰大、丹佛、洛杉矶、墨西哥的阿卡普尔科和墨西哥城的航线。

⊖ Allegheny 和 Agony 的英文发音较为接近。——译者注
⊜ 1996 年，USAir 再次更名为 US Airway。——译者注

我们再来看一下东方航空途径的城市之一印第安纳波利斯市的情况。从印第安纳波利斯出发，北上，东方航空飞往芝加哥、密尔沃基、明尼阿波利斯等地；南下，飞往路易斯维尔、亚特兰大和劳德代尔堡，却偏偏没有往东飞的航班。

东方航空有一条经营了 30 多年的飞往波多黎各首府圣胡安的豪华航线。东方航空曾经拥有该市场的最大份额，直到美国航空收购了泛加勒比（Trans Caribbean）航空。如今，圣胡安航线的老大是谁？当然是美国航空。

一个地方性的航空公司名字无法承载"人类之翼"的美名。如果可以选择，潜在顾客更倾向于全国性而非地方性的航空公司。

发生在航空业的这个问题，正是人们在区分事实和认知时经常会遇到的典型难题。许多经验丰富的营销人员对东方航空的看法完全相反。

他们说："导致东方航空陷入困境的不是名字，而是糟糕的服务、食品、行李托运以及面无表情的空姐。"认知即现实。

你觉得 Piedmont 航空如何？ Ozark 航空呢？还有 Allegheny 航空？（据一项针对常旅客的调查显示，会尽量避免乘坐美国航空的人占 3%，避免乘坐联合航空的占 3%。但是，避免乘坐 Allegheny 航空的人有 26%，避免乘坐东方航空的有 38%。）

当然，Allegheny 航空已经承认错误，改名为 USAir 航空。就连北方中央航空和南方航空也都妥协了，于 1979 年合并为共和航空。等着看这两家新航空公司的腾飞吧。

阿克伦市的双胞胎

至于另一个常见的名字问题，具有代表性的例子是两家总部设在俄亥俄州阿克伦市的公司。

有很多像固特里奇那样的公司需要更换名字。问题是，如何改公司名？最糟糕的做法是花上百万美元外聘一家机构设计一个名字，这样的话，你会得到一些稀奇古怪的名字，如安捷伦（Agilent）、安万特（Aventis）、纳威司达（Navistar）、诺华（Novartis）等。（最近，纳威司达公司又改回了原名"国际收割机公司"）。正确的做法，通常是创建一个产品品牌名称，最终把它用作公司名。例如，固特里奇应该采取的战略是：推出一个好品牌，并最终用作公司名称。

如果一家公司的名字（Goodrich，固特里奇）和同行业中一家规模更大的公司（Goodyear，固特异）的名字相似，该怎么办？

固特里奇公司遇到了大问题。调查表明，即使该公司能够在技术上创新突破，大多数人却以为是它的竞争对手固特异公司的功劳。

不出所料，固特里奇公司意识到了这一问题，以下是该公司在数年前的一则广告中对该问题的描述。

本杰明·富兰克林·固特里奇（Benjamin Franklin Goodrich）这个名字成了我们的枷锁。命运如此偶然和残酷，我们最大竞争对手的名字和本公司创始人的名字如此相近，一个叫固特异，一个叫固特里奇，简直太容易混淆了。

广告末尾写道："如果你想要固特里奇，就得记住固特里奇这个名字。"

言下之意，这根本不是固特里奇的问题，而是顾客的问题。

固特里奇是美国国内第一家销售钢带子午线轮胎的公司。可是，若干年后，当被问及哪家公司生产这种轮胎时，56%的顾客说是固特异，其实固特异并没有在国内市场上销售这种轮胎；只有47%的顾客说是固特里奇生产的。

就像阿克伦人说的那样："固特里奇发明一项技术，风驰通会把这项技术完善，而固特异会因这项技术获得最大销量。"1968 年，固特异公司的销售额为 29 亿美元，而固特里奇公司只有 13 亿美元，两者的比例是 2.2:1。10 年后，也就是 1978 年，固特异的销售额为 74 亿美元，而固特里奇仅为 25 亿美元，相当于 2.9:1。富者愈富，规律如此。

然而，奇怪的是，失败者的广告仍然吸引了媒体的最大关注。"我们是另一家公司"⊖的广告获得了媒体的肯定和关注。但是，这并没有获得轮胎消费者的好感。单单这个名字，就会让固特里奇永远落在强大对手的后面。

固特里奇对固特异始终望尘莫及。

托莱多市的三胞胎

阿克伦市的双胞胎让人混淆，托莱多市的三胞胎更是陷入窘境。它们分别是欧文斯－伊利诺伊公司（Owens-Illinois）、欧文斯－康宁 Fiberglas 公司（Owens-Corning Fiberglas）⊜和利比－欧文斯－福特公司（Libbey-Owens-Ford）。

这三家都不是小公司。欧文斯－伊利诺伊公司的市值为 20 亿美元，欧文斯－康宁 Fiberglas 公司的市值为 10 亿美元，利比－欧文斯－福特公

⊖ 固特异从 20 世纪 20 年代开始就一直投放飞艇广告，固特异的飞艇广为人知。固特里奇的广告，就展示了一片没有飞艇的蓝天，配上旁白"看到天上的飞艇了吗？我们是另一家公司"，意思是说固特里奇没有飞艇，不是固特异，而是另一家公司。——译者注

⊜ "Fiberglas"这个名字比玻璃纤维的英文"fiberglass"少了一个 s，但发音相同。为便于读者理解下文，该名字不译成中文。——译者注

1992 年，欧文斯 – 康宁 Fiberglas 公司采纳了我们的建议，改了名字。不幸的是，它采用的新名字与我们的建议完全相反：去掉了"Fiberglas"，改成"欧文斯 – 康宁公司"。

司也是近 10 亿美元。

我们可以透过欧文斯 – 康宁 Fiberglas 公司的角度来看一下困惑所在。

欧文斯这个名字，当然一般会和伊利诺伊联系在一起。因为欧文斯 – 伊利诺伊公司在这三家公司中规模最大，因此更有实力占据"欧文斯"这个名字。

康宁这个名字，则通常与玻璃有关。纽约州康宁市附近有一家康宁玻璃制造厂，也是一家市值 10 亿美元的公司。该公司成功地将"康宁"这个名字与玻璃这一概念紧密联系在一起。

那么，留给欧文斯 – 康宁 Fiberglas 公司的还有什么呢？

Fiberglas。

也许这就是为什么该公司在广告中说"欧文斯 – 康宁就是 Fiberglas [⊖]"。换句话说，如果想买玻璃纤维，只要记住"欧文斯 – 康宁"即可。

如果该公司把名字改为 Fiberglas 公司，事情就会简单得多。这样的话，如果消费者想买玻璃纤维（fiberglass，小写的 f），只要记住 Fiberglas（大写的 F）就行了。这样做可以把注意力集中到公司的主要目标上，即让玻璃纤维这个通用名回归到品牌名上。

如果你的名字叫休伯特、埃尔默、东方、固特

⊖ "Fiberglas"在此处是玻璃纤维的意思。——译者注

里奇或者欧文斯－康宁 Fiberglas，该怎么办？改名字。

道理讲得很清楚了，但是改名很少见。这是因为，大多数公司坚信现有的公司名拥有太多品牌资产，另外，它们认为"我们的顾客和员工绝不会接受一个新名字。"

奥林（Olin）、美孚（Mobil）、优耐陆（Uniroyal）和施乐这些名字怎么样？埃克森（Exxon）公司呢？埃克森改成现在的名字也只是几年前的事。

那么，有谁还记得埃克森原来的名字叫什么？不是埃索（Esso）[⊖]，也不是 Humble Oil 或者 Enjay，尽管该公司在营销运作中用过这些名字。

埃克森公司原来的名字是新泽西标准石油公司（Standard Oil of New Jersey）。没用几年，也没花多少钱，就能达到这样的更名效果，真是令人惊叹。差名字只有负资产。名字差只会使情况越变越糟。名字好往往会使情况越变越好。

史上最顺利的公司改名案例，就是新泽西标准石油公司改名为埃克森。其中有三个关键点：①公司的规模：埃克森是美国第四大公司，而且与美孚公司合并后，将会变成第二大公司。如果你是一家大公司，改名会引起媒体的极大关注。换言之，媒体会为你做宣传工作；②"埃索"和"埃克森"两个名字的相似性：潜在顾客的心智中会把这两个名字联系在一起；③新名字"埃克森"在街头随处可见，要知道数千家加油站一夜之间更名，在汽油消费者的心智中会留下深刻的印象。

"大陆"引起的混乱

一家规模为 39 亿美元的大陆集团有限公司（The Continental Group Inc.）和一家 31 亿美元的大陆公司（The Continental Corporation），你知道这两家公司的区别吗？许多人对此并不清楚。据

⊖ "Esso"是新泽西标准石油公司旗下的产品品牌，该名字是公司名称的首字母"S"和"O"的发音组合。——译者注

大陆集团有限公司和大陆公司如今都不再是独立的企业了。大陆集团把名字改回到"大陆罐头"，而且并入了 Suiza 食品公司（一家奶制品生产及包装公司）。但是，这些公司从不接受教训。最近，大陆谷物公司把名字换成了大陆集团公司（ContiGroup Companies）。

了解，大陆集团有限公司是全球最大的罐头制造商，而大陆公司则是一家大型保险公司。

"呵，原来是大陆罐头公司（Continental Can）和大陆保险公司（Continental Insurance）。现在我知道这两家公司是干什么的了。"

企业为什么不用"罐头"和"保险"这两个词，偏要用"集团"和"公司"这两个没说清楚自己身份的词呢？答案显然是这两家公司不只卖罐头或保险。

然而，一个没有含义的名字能够建立身份识别吗？不大可能，尤其是别的公司也在用"大陆"这个名字，如大陆航空公司、大陆石油公司、大陆电话公司和大陆谷物公司等，更不必说大陆伊利诺伊公司了（顺便说一句，这些都是规模达数十亿美元的公司）。

或者设想一下，如果一位公司经理对秘书说"帮我接通大陆公司的电话"，会发生什么？这还不仅仅是"集团"或者"公司"的问题。单单在曼哈顿的电话簿上，就有 235 个以"大陆"开头的名字。

过犹不及的名字

名字有时候会过犹不及，过于形象化或者提示性太强，尤其是对于在公众场合消费的产品。

以减肥产品的竞争为例。美赞臣公司（Mead

Johnson）的美力克（Metrecal）对比康乃馨公司（Carnation）的苗条（Slender）。

尽管美力克具备先上市的优势，取得营销胜利的却是苗条。

苗条这个名字表明了使用该产品的好处，比美力克更有效，后者是用 IBM 电脑造的词。

但是，当减肥类产品在公众场合消费时，你需要加以注意。一个名叫零卡路里（NO-Cal）的软饮料，是不可能获得大的成功的。谁会在餐厅坐下，要一杯零卡路里牌的可乐呢？这很容易让坐在邻桌的人想："那个胖子。"

点一杯 Tab，要得体得多。

"必不可少的 Tab 上桌后，"《纽约时报》最近写道，"这位纽约大学的校长便坐下来开始享用工作午餐。"

如果校长知道记者会去那家饭馆，他怎么可能会点"减肥莱特可乐"（Diet-Rite Cola）呢？

林登·约翰逊担任美国总统期间，在内部通话系统装置上设置了一个专门的按钮用来点弗莱斯卡（Fresca）饮料⊖。尽管人人都知道这件事，但是他似乎并不在乎。

给低热量和低价产品挑选名字时一定要小心，在暗示其好处的同时，也要注意分寸。如果太过露骨，会把潜在顾客吓跑。

健怡可口可乐的推出可能是有史以来最重大的营销失误之一。可口可乐其实并不需要一种新的无糖可乐，因为公司早就有了无糖可乐的领导品牌，那就是 Tab（健怡可口可乐推出时，Tab 的销量已经超过健怡百事可乐 32%）。可口可乐公司只把甜味素（Nutrasweet）⊖用于健怡可口可乐，而不用于 Tab 的做法，扼杀了 Tab 品牌。然而，如今健怡可口可乐销量停滞，甚至下滑（Mountain Dew 成功超越健怡可口可乐，现为仅次于经典可口可乐和百事可乐的第三大软饮料品牌）。像可口可乐这种加糖软饮料还能够主导软饮料市场多久？谁会需要一种既没有营养，又不含任何矿物质，只有 150 卡路里的"液体提神剂"呢？消费者从可口可乐到 Tab 的转移会比从传统可乐到健怡可乐的转移要容易得多，因为 Tab 名字里没有减肥的负面含义，从而消费时没有心理负担。

⊖ 一种低热量代糖物质。——译者注
⊜ 含有微量卡路里的健怡饮料。——译者注

POSITIONING

第 10 章

10

无 名 陷 阱

公司经理会说："我要去趟 L.A.，然后还得去纽约。"为什么人们常常称洛杉矶为"L.A."，却少有人称纽约为"N.Y."？

有人会说："在 GE 工作了若干年后，我去了西联公司（Western Union）。"为什么通用电气公司往往被称为"GE"，而西联公司却极少被叫作"WU"？

人们常常称通用汽车公司为"GM"，称美国汽车公司为"AM"，却几乎没有人称福特汽车公司为"FM"。

音节缩写

背后的原则是音节缩写。

"Ra-di-o Cor-po-ra-tion of A-mer-i-ca"（美国无线电公司）读起来长达 12 个音节，难怪大部分人都使用只有 3 个音节的缩写"R-C-A"。

"Gen-er-al E-lec-tric"（通用电气公司）有 6 个音节，因此大多数人都使用 2 个音节的缩写"G-E"。

"Gen-er-al Mo-tors"（通用汽车公司）往往缩写为"GM"，"A-mer-i-can Mo-tors"（美国汽车公司）缩写为"AM"，而"Ford Mo-tor"（福特汽车公司）却几乎从没有被人称为"FM"，因为只要说"Ford"一个音节就能说清楚。

如果不能减少音节，大多数人就不会使用首字母缩写。纽约和"N.Y."都是 2 个音节，所以"N.Y."常常用于书写，却很少用作口语。

"Los An-ge-les"（洛杉矶）有 4 个音节，所以经常被 2 个音节的"L.A."替代。请注意，"San Fran-cis-co"也有 4 个音节，却很少出现"S.F."，为什么？因为有一个非常完美的双音节词（Frisco）作为旧金山的简称。同样的道理，人们也不叫"New Jersey"（新泽西）为"N.J."，而是叫"Jer-sey"（泽西）。

使用 W U 而不用 Western Union 的一种例外情况只会发生在企业内部。原因之一是：企业内部的人觉得使用首字母缩写比直呼其名更时髦。于是，在西联公司，你不仅会听到"WU"，还会听到"WUCO"（吾酷）作为西联公司的简称（我们为该公司服务了 10 多年，所以知道这些）。广告公司和公关公司的功能之一，就是把企业内部的行话翻译成外部人能听懂的语言。

如果既可以用一个词也可以用一组首字母缩写来表示，而且两者的音节又一样长，那么人们总是愿意用词而不用首字母缩写。

音节的长短有时候会判断错误。"WU"看上去比"Western Union"短多了，然而实际上两者的音节一样长。Dou-ble-U U 和 West-ern Un-ion，都是 4 个音节（除了 W 以外，任何其他英文字母的发音都只有一个音节）。

顾客是通过读音来指代企业，但是企业看待自己的方式完全不同。企业关心的是看起来怎样，只管让名字看上去不错，而忽视了名字听起来如何，因此会遇到很多麻烦。

视觉缩写

商务人士也会落入同样的陷阱。首先碰到的问题就是名字问题。当年轻的埃德蒙·杰拉尔德·布朗（Edmund Gerald Brown）进入通用制造公司（General Manufacturing Corporation）成为一名初级经理人后，他在公司内部信件和备忘录里的名字会立刻变成 GMC 的 E.G. 布朗。

不过，要想出名，就必须避免使用首字母缩写。政治家大都很清楚这一点。正因为如此，埃德蒙·杰拉尔德·布朗州长㊀自称杰里·布朗

㊀ 1975～1983 年曾任美国加州州长。——译者注

（Jerry Brown）而不是 E.G. 布朗（E.G. Brown）。同样地，E.M. 肯尼迪（E.M. Kennedy）⊖和 J.E. 卡特（J.E. Carter）⊜则分别自称泰德·肯尼迪（Ted Kennedy）和吉米·卡特（Jimmy Carter）。

FDR 和 JFK 这两个缩写又是怎么回事儿呢？讽刺的是，一旦你占据最高职位并且广为人知后，反倒可以用首字母缩写了，因为这时候大家都知道这是指谁。富兰克林·德拉诺·罗斯福（Franklin Delano Roosevelt, FDR）⊜和约翰·菲茨杰拉德·肯尼迪（John Fitzgerald Kennedy，JFK）⊗只有在出名之后才能使用首字母缩写，而不是之前。

然后是公司名。视觉上的字母缩写，出发点是为了节约纸张和节省打字时间，结果变成了象征成功的字母组合图案。例如，IBM、AT & T、ITT、P & G、3M 等。有时候，能否跻身《财富》500 强似乎取决于有没有一个众所周知的首字母缩写名。它就像一个成功的标记，向全世界宣告你做到了。

于是，我们现在有 RCA、LTV、TRW、CPC、CBS、NCR、PPG、FMC、IC Industries、NL Industries、SCM、U.S.Industries、AMF、GAF、

事情总是越变越糟。1980 年，我们写作本书的时候，《财富》500 强名单上只有 27 家 "无名" 公司，如今已有 44 家，部分名单如下：AMP、AON、AT&T、BB&T、BJ's Wholesale Club、CBS、CHS Electronics、CMS Energy、CNF Transportation、CSX、CVS、DTE、EMC、FDX、FMC、FPL、GPU、GTE、IBP、IMC Global、ITT Industries、KN、LG&E Energy、LTV、Holding、TIAA-CREF、TJX、TRW、UAL、US Bancorp、U.S.Foodservice、USG、U.S. Industries、U.S.Office Products、USX 和 VF（你不得不佩服一家公司居然有勇气自称 "TIAA-CREF"。真难想象 "TIAA-CREF" 怎样才能成为一个家喻户晓的名字）。

⊖　全名为 Edward Moore Kennedy，曾任美国参议员。——译者注
⊜　全名为 James Earl Carter，1977 ~ 1981 年任美国总统。——译者注
⊜　1933 ~ 1945 年任美国总统。——译者注
⊗　1961 ~ 1963 年任美国总统，1963 年 11 月被刺杀。——译者注

下面这份名单列出的是目前《财富》500强排行榜上紧随那些使用"缩略名"公司的44家"全名"的公司。它们是不是看起来要熟悉得多？

Ace Hardware（ACE 五金）、Allied Signal（联合信号公司）、Alltel（奥特尔公司）、American Express（美国运通）、American Standard（美标）、Avery Dennison（艾利丹尼森）、Baltimore Gas & Electric（巴尔的摩燃气与电力公司）、Bankamerica（美国银行）、Barnes & Noble（巴诺书店）、Campbell Soup（金宝汤公司）、Central & South West、Consolidated Natural Gas、Consolidated Stores、Dana（德纳控股公司）、Federated Department Stores（联合百货）、Gannett（甘尼特公司）、Gateway（捷威）、Harcourt General（哈考特通用公司）、Inacom、Kellogg（家乐氏公司）、Kroger（克罗格公司）、Lear（李尔公司）、Lehman Brothers（雷曼兄弟公司）、Masco（马斯科集团）、Merrill Lynch（美林证券）、Navistar International（纳威司达公司）、Northeast Utilities（东北公用事业公司）、Owens-Illinois（欧文斯－伊利诺伊公司）、Paccar（帕卡公司）、Phelps Dodge（费尔普斯·道奇公司）、Phillips Petroleum（菲利普石油公司）、Republic Industries、Safeco、Safeway（西夫韦公司）、Sempra Energy（桑普拉能源公司）、Shaw Industries（萧氏工业集团有限公

MCA、ACF、AMP、CF Industries、GATX、UV Industries、A-T-O、MAPCO、NVF、VF、DPF、EG&G，以及令人难以置信的名字 MBPXL。

这些都不是小公司，都入选了《财富》500强工业企业排行榜。其中最小的一家是 EG & G，最近某年的销售额也有 3.75 亿美元，雇员达 13 900 人。

如果从《财富》500强排行榜上挑选出位于每一个"缩略名"公司之后的规模较小的公司，你会发现它们是 Rockwell International（罗克韦尔国际公司）、Monsanto（孟山都）、National Steel（国家钢铁公司）、Raytheon（雷神公司）、Owens-Illinois（欧文斯－伊利诺伊公司）、United Brands（联合品牌公司）、American Cyanamid（美国氰胺公司）、Reynolds Metals（雷诺金属公司）、H.J.Heinz（亨氏）、Interco、Hewlett-Packard（惠普）、Carrier（开利公司）、Marmon（美联集团）、Polaroid（宝丽来）、Diamond International（钻石国际公司）、Blue Bell（蓝铃公司）、Sperry & Hutchinson（斯佩里和哈钦森印花公司）、Witco Chemical（威科化学）、Spencer Foods、Pabst Brewing（美国蓝带啤酒公司）、Cabot（卡博特公司）、Hart Schaffner & Marx（浩狮迈）、Cutler-Hammer（伊顿集团）、Gardner-Denver（登福机械）、Questor、Arvin Industries（阿文美驰公司）以及 Varian Associates（瓦里安联合

公司）。

哪份名单上的公司更知名？当然是那些使用全名的公司。

毫无疑问，有些使用缩略名的公司也挺出名，比如 RCA 和 CBS。但是，就像 FDR 和 JFK 这两个名字一样，这些公司在放弃全名使用缩略名之前就已经广为人知了。

哪些公司会成长得更快呢？还是那些使用全名的公司。

为了验证这个观点，我们借用《商业周刊》的订阅名单做了一项关于使用"全名"和"缩略名"的调查。结果表明，使用"全名"的公司表现更好。

"缩略名"组公司的平均知名度为 49%，而"全名"对比组公司的平均知名度为 68%，后者高出前者 19 个百分点。

是什么原因驱使大公司采取这种自杀式行为？一方面，公司高管早就看惯了内部备忘录上的公司缩略名，自然以为没有人会不知道像 MBPXL 这样声名久远的公司。另一方面，高管也误解了像 IBM 和 GE 这类公司的成功原因。

司)、Sherwin-Williams（宣伟公司)、Tenet Healthcare（泰尼特保健公司)、3Com、Transamerica、Tricon Global Restaurants（泰康全球餐饮公司)、United Parcel Service(联合包裹服务公司)、W.W. Grainger(固安捷公司)、Williams（威廉姆斯公司)。

当你看到 GE 这两个字母时，脑子里就会联想到"通用电气"。想想你能够记得的缩略名（如 JFK、FDR、IBM 等），看看自己是否同样记得这些字母代表的单词。通常而言，如果记住了缩略名，肯定也记住了全名。只有先让全名广为人知，才能让缩略名广为人知。

成功无捷径

企业只有在广为人知之后，才能成功地使用缩略名。"GE"这个首字母缩写组合，显然能够让人们心智中联想到"通用电气"这两个词。

毫无例外地，人们必须首先知道全名是什么，才能理解缩略名。联邦调查局（The Federal Bureau of Investigation）和美国联邦税务局（The Internal Revenue Service）的名字家喻户晓。因此，我们一看到"FBI"和"IRS"就立刻能想到是这两个政府部门。

但是，对于"HUD"，人们就没那么快能辨识了。为什么？因为大多数人不知道"住房和城市发展部"（Department of Housing and Urban Development，HUD）。因此，HUD 若想获得更广泛的认知，首先必须提高"住房和城市发展部"这个名字的知名度。想使用缩略名"HUD"走捷径，是行不通的。

同样的道理，知道通用苯胺与薄膜公司（General Aniline & Film）的人不多，当这家公司把名字改成 GAF 时，就注定了自此不会太出名。现在，GAF 已经成为该公司的法定名称，估计潜在客户再也无从了解公司原名了。

然而，很多公司都在使用缩略名。它们没有想清楚如何在人们心智中给自己定位，结果盲目追随缩写名的风尚而深受其害。

毫无疑问,"缩略名"已是当今风尚。一看到RCA,人人都知道它代表美国无线电公司。所以,该公司能够通过RCA这三个字母触动扎根于人们心智中的"美国无线电公司"这几个词。

但是,既然RCA已经成了法定名称,接下来会发生什么情况?什么也不会发生,至少在今后十几年里不会。RCA所代表的那些词语早就深植于千百万人的心智之中,并且将永远存在。

可是,下一代潜在顾客呢?当他们看到RCA这样的古怪缩略名时,会有什么反应?

他们会以为RCA是指"罗马天主教大主教区"(Roman Catholic Archdiocese)吗?

定位是终生的事业,是一个长期的过程。现在做出的命名决策,也许很多年之后才会产生效果。

RCA这家公司如今已不复存在,因为被通用电气收购了。就像RCA的情况一样,即使缩略名称在短期之内代表了一定的含义,但是从长期来看,通常只会削弱公司的地位。可以预见,本章前文中提到的许多"无名"公司会逐渐淡出人们的视线,并且通常会被更强的竞争对手收购。千万别犯同样的错误,首字母缩写只会削弱品牌和公司名。

心智靠耳朵运转

企业在名字选择上普遍犯错的主要原因,是企业的经理每天都生活在纸张的海洋里,包括信件、备忘录和报告。在施乐制造的"纸张海洋"里游泳时,很容易忘记心智是靠耳朵运转的。当我们说一个词时,首先得把字母转换成声音。这就是为什么初学者在阅读时嘴唇会动。

心智靠耳朵运转

"心智靠耳朵而不是眼睛运转。"这是本书中最有用的认知学概念之一。在将图像存入心智之前，你必须先用语言表达出来。我们研究过的每一个成功的定位项目，都是语言导向的，而非视觉导向（如"想想小车""安飞士只是第二"等）。这并不表示不要使用图片或者图示，而是说这些视觉材料的目的是为了推动语言概念进入心智。

小时候，你是先学习说话，然后再学习阅读，而且是通过大声朗读才一点点、慢慢学会阅读的，因为你需要迫使心智把书面文字和已经存储在大脑里的声音联系起来。

相比之下，学习说话要比学习阅读容易得多。我们把声音直接存进脑子里，然后随着思维敏捷性的提高，就能把这些声音以不同的组合方式回放出来。

长大以后，你学会了将书面文字快速转换成大脑所需的听觉语言，你甚至都意识不到这一过程的发生。

然后，你会发现某些资料上说，80%的学习是通过眼睛完成的。当然是这样。但是，阅读只是学习过程的一部分。许多学习来自观察，根本不涉及传统意义上的文字阅读，比如通过"阅读"身体线索便能够了解别人的情绪状态。

在阅读文字时，只有通过大脑里的视觉/听觉转化机制把视觉信息转换成听觉语言才能够理解。

同样，音乐家学会了看乐谱时，脑子里就能听到乐声，就好像真的有人用乐器在弹奏那首曲子似的。

默背一首诗，你试试看！如果我们加强听觉上的辅助，对于书面材料的记忆就要容易得多，因为大脑的工作语言是听觉。

这就是为什么不光名字还包括标题、口号和主题都应该从听觉上加以检验，即使你只打算用于印刷材料。

你觉得休伯特和埃尔默是两个差名字吗？如果是的话，那你一定是把这两个书面词转换成了发音。因为休伯特和埃尔默看上去并不差，只是不好听。

印刷媒体（报纸、杂志、户外广告）先出现，广播后出现，从某种意义上说，这是令人羞愧的事。电台广播才是真正的最初的媒体，而印刷媒体是更高级的抽象媒体。

如果信息首先为广播而设计，那么在印刷品上就会"听起来更好"。然而我们通常做反了，即先上印刷媒体，然后再进入广播媒体。

名字会过时

企业放弃全名而使用缩略名的另一个原因，是名字本身也会过时。RCA 公司除了收音机之外，还销售许多其他产品。

联合制鞋机械公司（United Shoe Machinery）的情况又如何呢？该公司已经发展成为一个大型集团。况且，随着进口机械比重的持续攀升，美国国内的制鞋机械市场不断萎缩。怎么办？该公司找了一条捷径，即更名为 USM 公司。从此以

另外，许多广告公司仍然推崇视觉效果，热衷于创造那些只会分散受众注意力的奇怪图像。

我们后来运用这些观点为广播广告局（Radio Advertising Bureau）做了一次题为"眼睛vs. 耳朵"的演讲。广播才是真正的首要媒体，"口播"才是主要的传播工具。讽刺的是，实际上当今整个广告业都是以视觉为导向。广告业的口号是"一图抵千字"（这正是可口可乐用北极熊、百威啤酒用蜥蜴、劲量电池用兔子作为产品形象的原因）。

后，它便销声匿迹了。

史密斯－科罗纳－马钱特公司（Smith-Corona-Marchant）也是一家迷失了身份的企业。在多次并购之后，史密斯公司不再生产"科罗纳"和"马钱特"牌产品。于是，企业决定把名字简化为SCM公司。

SCM 和 USM 大概都是为了避免过时的身份才改用缩略名的。然而，实际结果恰好相反。

如果无法从潜意识中挖掘出联合制鞋机械公司这个名称，心智便无法记住 USM。

不过，RCA、USM 和 SCM 这三个名字至少在音节上比原有名字短。不然，问题更大，而且要大得多。玉米制品公司（Corn Products Company）把名称改为"CPC"之后，发现没有多少人认识。缩写后的发音（C-P-C）并不比原名发音（Corn-Pro-ducts）短，都是三个音节。因此，在改为 CPC 之前，CPC 这个缩略名很少被人用。不妨问一下行内人是否知道 CPC 国际公司。看看有多少人会说："啊，你是指玉米制品公司？"

在我们这个热衷于使用缩略名的社会里，人们的心智通常会问自己的第一个问题是："这些首字母缩写代表什么词？"

心智看到 AT & T 时会说："啊，美国电话电报公司。"

可是，当看到 TRW 时，心智的反应会是

随着时间的推移，"AT&T（美国电话电报公司）"这个名字在弱化。其中，"电话（Telephone）"还在，而"电报（Telegraph）"如今已是一个过时的字眼。

什么？显然，还是有不少人记得美国天合汽车集团（Thompson Ramo Wooldridge，TRW）。TRW 是一家 30 亿美元规模的公司，因而经常被媒体报道，也做了许多广告。但是，如果 TRW 使用全名而非缩略名，它的广告投入的效果是否会更好呢？

有些公司的每一层级都使用缩略名。你能够记住 "VSI 公司的子公司 D-M-E 公司" 吗？

我们并非建议公司不应该改名。恰恰相反，世界上没有恒久不变的东西。时代在变，产品会过时，市场起起落落，企业合并也是常事。时机一到，公司就必须改名。

美国橡胶公司（U.S.Rubber）是一家销售许多非橡胶制品的全球性企业。伊顿·耶鲁·汤恩公司（Eaton Yale & Towne）则是一家兼并而成的、拥有复杂名字的大公司。而纽约美孚石油公司（Socony-Mobil）的名字里有 "SOCONY"，原指纽约标准石油公司（Standard Oil Company of New York）。

这些名字后来都出于营销上的合理理由而被改掉了。如果采用 "立足过去" 的传统做法，就会产生 USR 公司、EY&T 公司和 SM 股份有限公司这样的怪名字。

幸好，这些公司采用了 "忘记过去" 的做法，从而树立了三个崭新的现代公司形象：优耐陆（Uniroyal）、伊顿（Eaton）和美孚（Mobil）。这些名字的营销优势不言自明。这三家公司成功忘掉了过去，并定位于将来。

混淆因果

尽管弊端不少，公司对缩略名的迷恋犹如飞蛾扑火。当今世界 IBM 们的成功似乎证明了缩略名是有效的。这是混淆因果的典型思维。

公司得先获得成功，然后再买"湾流"（Gulfstream）V型喷气式飞机。不能反过来，先买飞机，并假设因此会变得成功。只有在出名后才能使用缩略名称，因果关系不能倒置。

国际商业机器有限公司（IBM）如此闻名遐迩又财力雄厚（因），以至于只要提到IBM，人人都知道是哪家公司（果）。

想要把这个过程颠倒过来，就无效了。你不能指望一家不是很成功的公司使用了缩略名（因），然后就会名利双收（果）。

这就如同期望买了豪华汽车和商务机之后就可以财源广进、名满天下一样。事实上，只有成功了，才有资金购买附加福利。

从某种程度上，缩略名热代表了一种在视觉上被认可的渴望，即使是以传播不利为代价。尽管做了那么多宣传，许多女性依然认为ERA是一种洗涤液，而非《平等权利修正案》（Equal Rights Amendment）。

不妨再看看以下两家航空公司所采取的截然相反的命名战略。

泛美航空公司（Pan A-mer-i-can Air-lines，七个音节）这个名字的音节很长，于是，公司决定将其缩写为"泛美"（Pan Am，两个音节）。这比叫PAA强多了，也没那么难记。

环球航空公司（Trans World Air-lines，四个音节）其实比它正在使用的TWA（T-Dou-ble-U-A，五个音节）还要少一个音节。但是，TWA的知名度不是挺高的吗？确实是，但那是靠每年3000万美元的广告费砸出来的。

尽管 TWA 在广告上的花费比两大竞争对手（美国航空公司和联合航空公司）都多，调研结果却表明，优先选择 TWA 的旅客只有另外两家的一半。TWA 这个缩略名传播效率低下，是原因之一。

那么，环球航空公司应该使用什么名字？

当然是"环球"（Trans World），只有两个音节，而且简明、形象。

缩拼词及电话簿

有些公司很幸运，或有意，或无意，其名字的首字母缩写正好组成一个缩拼词。例如，Fiat（菲亚特汽车公司，全称为 Federation International Automobiles Torino）和 Sabena（比利时航空公司，全称为 Societé Anonyme Belge d'Exploitation de la Navigation Aérienne）。

组织机构通常会选择带有一定含义的缩拼词作为名字。举两个例子：CARE ⊖（Committee for Aid and Rehabilitation in Europe，即欧洲援助与康复委员会）和 EST（Erhardt Sensitivity Training，即艾哈德敏感性训练）。

有些公司就没那么幸运了。通用苯胺与薄膜公司把名字改为 GAF 时，显然忽略了这个缩拼词

自本书出版以来，TWA 在市场上损失惨重（去年该公司的营业收入为 33 亿美元，亏损 3.53 亿美元）。1988 年是该公司最后一个盈利年，此后便一直亏损。1992 年，TWA 申请破产。以缩略名打造品牌就如同在沙地上盖房子。"等等，"反对我们观点的人通常会说，"真正的关键在于人和服务，而不在于名称。"那为什么服务差的总是名字起得不好的航空公司呢？

⊖ 意指"关心"。——译者注

SAP ⊖ 是另一家使用缩略名的公司，而且也是一个带有不幸含义的缩拼词。该公司眼下固然很成功，因为其生产的 ERP 软件在当今高科技领域里十分畅销。但从长期来看，该公司名本身可能会损害其市场表现。Baan ⊜ 也是同行业中一家面临类似问题的公司。不过，以上两个名字都不如 Sappi ⊜ （世界上最大的再生涂膜纸生产商）那么糟糕。

的发音很像"gaffe"，听起来是"失态"的意思。除此之外，GAF 这个名字在很多方面都不恰当。

人们在取名字时经常忽略的另一点是，是否容易在电话簿中找到。因为很少有公司会在电话簿中查找自己的名字，所以可能意识不到要想找出来有多难。

以 USM 公司为例，在曼哈顿的电话簿中，以"US"开头的电话号码清单就有 7 页。因此，如果要找 USM 的话，应该能在美国平版印刷公司（US Lithograph）和美国天然产品公司（US Nature Products Corp.）之间的某个位置找到。

然而，USM 其实并不在那里。那 7 页中的 US 代表美国（United States），就像美国平版印刷公司，而 USM 中的 US 没有任何含义。按照字母排列的标准，电话公司把所有缩略名都放在了前面。

通常而言，这样的排列顺序令人苦恼。这里用以 R 开头的名字为例：RHA Productions（RHA 工业品公司）、RH Cleaners（RH 干洗店）、RH Cosmetics（RH 化妆品公司）、RH Cosmetics Corp.（RH 化妆品有限公司）、R&H Custom Upholstering（R&H 定制套垫公司）、RH Garage(RH 汽修厂) 等。

⊖ Sap 有"笨蛋"的意思。——译者注
⊜ Baan 与 ban 发音类似，后者意指"禁止"。——译者注
⊜ Sappi 与 Sappy 同音，后者意指"愚蠢"。——译者注

事实上，以 RH 开头的公司就有 27 家。

　　幸好，越来越多的公司认识到无名陷阱的种种危害。可以预计，像 MBPXL 这样的缩略名将会越来越少。

我们当时预测有误。正如前文所述，缩略名至今盛行。

POSITIONING

第 11 章

11

搭便车陷阱

以升级版 Alka-Seltzer [⊖]为例，我们来想象一下该产品名称的由来。

一群年轻小伙子围坐在会议桌旁，为一种专门针对 Dristan [⊜]和康泰克而研制的新型感冒药命名。

顾客容易混淆。对于"升级版 Alka-Seltzer"，顾客的第一反应是：这是 Alka-Seltzer 的改进版，而非一种新型感冒药。于是，公司又把名字中的"升级版"（Plus）这个词放大。其实，应该赋予这个新产品一个全新的品牌名。

"我想到了，"哈里说，"就叫升级版 Alka-Seltzer 吧。如此一来，我们就能利用每年为 Alka-Seltzer 这个名字花费的 2000 万美元广告费了。"

"好主意，哈里。"于是，和大多数情况一样，又一项省钱的方案立刻通过了。

然而，看吧，这种新产品非但没有从 Dristan 和康泰克那儿分得一杯羹，反而吞噬掉了 Alka-Seltzer 老产品的一部分市场。

升级版 Alka-Seltzer 的生产商还会时不时地重新设计一下瓶身。于是，"Alka-Seltzer"的字体变得越来越小，而"升级版"字体则越来越大。

名字叫升级版 Bromo-Seltzer 会更好，那样就能从竞争对手那里抢生意。

公司集团化

在产品时代，事情要简单些，因为每家公司都专注于单一产品线。公司名字就说明了一切，

XEROX

普通纸复印机领域的情况跟大型主机电脑类似。自从施乐第一个进入心智并且在复印机市场上占据主导地位之后，一波大公司随即涌入：IBM、柯达、3M、必能宝（Pitney-Bowes）及 Addressograph-Multigraph。然而，这些公司中没有一家成功，与大型主机领域里七个小矮人的遭遇如出一辙。这些名字在人们心智中关联了不同的定位。IBM 代表大型主机、柯达代表摄影胶片、3M 代表胶带、必能宝代表邮资机、Addressograph-Multigraph 曾代表打印机。当可以利用现有名字搭便车时，为何还要另起新名字呢？到底是为什么？为了在顾客心智中建立一个新定位。

比如标准石油、胜家缝纫机（Singer）、美国钢铁、纽约中央铁路、米高梅电影（Metro-Goldwyn-Mayer）等。

但是，科技进步创造了新机遇，因而，各公司纷纷开拓新业务领域。

于是，集团公司出现了。集团公司不会专注于某类产品，而是随时准备好通过开发或收购，进入任何一个有利可图的业务领域。

以通用电气公司为例。它从喷气式发动机到核电站再到塑料，什么都有。

RCA 公司则涉足卫星通信、固体电子产品和租车业务。

许多人对集团公司嗤之以鼻，认为企业应该专心做好自己的业务。但是，那些集团公司为维系市场的激烈竞争提供了资本。如果没有集团公司，美国就会变成一个半垄断国家。

以办公复印机为例。作为普通纸复印机的开创者，施乐如今面临着来自电脑制造商（IBM）、胶片公司（柯达）、矿业公司（3M）、邮资计算器公司（必能宝）和邮寄名单印刷机公司（Addressograph-Multigraph）的竞争。

集团公司通过并购不断扩张（比如 RCA 收购了赫兹租车、ITT 收购了安飞士租车），同时也为维持企业增长和市场竞争提供了所需资金。

否则，当创始人退休或去世以后，各种赋税

将使企业无力维护自己的地盘。

一家典型的企业的生命周期，始于一位创业家有了一个创业概念。一旦企业成功，为了避免创业家去世和税收的影响，最终这家企业肯定会成为某个集团公司的一部分。

两种不同的战略

企业成长有两种不同的战略（内部培养或外部收购），因此发展出两种不同的"命名"战略。采取哪种战略，取决于企业以自我为中心的程度。

当企业内部开发出一种产品时，通常会冠以公司名，比如通用电气电脑。

而当公司通过外部收购获得一项业务时，通常会保留其原名。比如，RCA 保留了"赫兹"，ITT 保留了"安飞士"。

但情况并非总是如此。

斯佩里 – 兰德公司（Sperry-Rand）自行开发了电脑产品线，并将其命名为 Univac。当施乐公司通过外部收购进入电脑业务后，将被收购的"科学数据系统"公司改名为"施乐数据系统"。

抛开企业的自我主义不说，什么时候该用公司名，什么时候该起新名字呢？（当然不能完全不

我们喜欢"普华永道"⊖这个有尊严的名字，合并双方互不输面子。

时至今日，赫兹和安飞士仍然是强大的品牌，因为这两个品牌在人们心智中代表着明确的定位。然而，其所属两家集团的品牌（RCA 和 ITT）则不强。如果把集团名字应用于所有业务，长期来看，将削弱自己的优势。

⊖　国际四大会计师事务所之一，由普华（Price Waterhouse）和永道（Coopers & Lybrand）于 1998 年合并而成。

通用电气

为什么尽管通用电气似乎违背了本书中的大部分原则，却还这么成功呢？这可能是人们向我们提得最多的问题。实际上，原因很多：①通用电气是一家拥有 108 年历史的公司，早在竞争寥寥的年代就深入心智了；②通用电气是美国第五大公司，有实力就容易做成事；③通用电气只聚焦于自己数一数二的业务；④最重要的是，通用电气的竞争对手也大都是集团公司，它们面临同样的定位问题；⑤通用电气避开了竞争风险高的新兴业务，如软件、电脑、电信、网络、手机等。另请注意，通用电气没有把美国国家广播公司（NBC）改名为 GE 广播公司（GBC）。如果你的公司有 108 年的历史，是美国第五大公司，业务在行业内数一数二，并且愿意放弃未来，那就采用通用电气的战略吧。

在乎企业的自我主义。但是，试试看告诉通用电气公司别将 GE 用作新产品的名字，你就会明白企业自我主义问题的严重性。）

名字的甄选原则难以界定的原因之一是查尔斯·林德伯格综合征。

如果你第一个进入心智，取任何名字都可以。

如果你不是第一个，又没挑到一个合适的名字，将会面临巨大的风险。

国际商业机器（International Business Machines，IBM）对于电脑产品而言是个差名字，因为 IBM 在潜在顾客心智中占据着打字机的定位。

然而，没关系，IBM 在电脑领域第一个进入心智，因此还是赚得盆满钵满。

"通用电气"对于电脑产品而言也是个差名字，而且还不是第一个进入心智的，所以损失惨重。

"Univac"对于电脑而言是个好名字，尽管当时的"斯佩里－兰德"（生产商的名字）也很有名。因此，Univac 在电脑业务上为斯佩里－兰德公司持续创造利润。

通用电气公司则早已退出电脑领域。

分而治之

为说明使用独立名称而非公司名字的好处，

让我们比较下宝洁和高露洁–棕榄两家公司的战略。

你会发现，高露洁–棕榄的产品很多是以公司名称命名的，比如高露洁牙膏、高露洁剃须泡沫、高露洁 100 口腔消毒水、高露洁牙刷和高露洁牙粉，以及棕榄洗涤剂、棕榄剃须泡沫、棕榄剃须膏和棕榄肥皂。

而在宝洁的产品线中，则找不到一个以公司名称命名的品牌（对于消费者来说，"Proctor"[⊖]，一个熨斗品牌，和宝洁公司的名字 Procter 一样出名）。

宝洁为每个产品认真定位，让它们在顾客心智中占据一个个独特的位置。例如，汰渍能使衣服变得"洁白"，Cheer 则能"白上加白"，而 Bold 能"亮白增艳"。

虽然宝洁的品牌数量少一些（宝洁有 51 个主要品牌，高露洁–棕榄有 65 个），但营业额是高露洁–棕榄的两倍，利润则是三倍。

有趣的是，尽管现在广告界流行嘲笑宝洁公司的广告，但是宝洁公司每年赚取的利润比全美国 6000 家广告公司的利润总和还要多。

我们还能说什么呢？如今宝洁公司也不再为每个产品单独打造品牌了，转而加入了品牌延伸的队伍（它最近把"玉兰油"品牌延伸到普通化妆品领域）。那么，宝洁近来生意可好？当然不好。

⊖　这个熨斗品牌的名字 Proctor 和宝洁公司的名字 Procter 仅一个字母之差，读音是一样的。——译者注

新产品需要新名字

当出现一款真正全新的产品时，套用一个熟悉的品牌名字通常都是错误的。

理由很明显，一个名字之所以众所周知是因为它代表着某个定位，或者说在潜在顾客的心智中占据了一个位置。一个真正家喻户晓的名字，必定是在某个精准界定的产品阶梯上处于最高的那一层。

新产品要想获得成功，需要在心智中建立一个新的产品阶梯。新阶梯就应该有新名字，如此简单。

然而，会有巨大的压力迫使企业使用熟悉的名字，"一个熟悉的名字能让顾客立即接受。我们的顾客和潜在顾客都了解我们和我们的公司，所以如果以公司名来命名新产品，顾客会更容易接受它。"这个逻辑似乎很有说服力。

然而，历史打破了这种错误看法。

施乐公司花了近10亿美元，买下了一家盈利颇丰并且名字非常棒的电脑公司——"科学数据系统公司"。此后，施乐做了什么？没错，施乐把"科学数据系统"改成了"施乐数据系统"。

为什么？显然是因为企业认为"施乐"这个

施乐公司的这则电脑广告明确了问题所在，却不是解决方案。施乐在电脑业务上亏损了数十亿美元，直到最终放弃该项业务，转向打造"文档输出公司"的定位。任何不能输出文档的施乐机器都会失败。⊖

⊖　关于施乐的案例，更多详情请参见《大品牌大问题》第3章。——译者注

名字更好、知名度更大。不仅如此，施乐还有一套营销秘籍。施乐早年的成功让它以为自己具备把灰姑娘变成公主的能力，不可能犯错。

跷跷板法则

从顾客心智出发，就能发现错在哪里。

那便是跷跷板法则：一个名字不能代表两个截然不同的产品；当其中一个上升，另一个就会下降。

施乐代表复印机，而不是电脑（如果你让秘书用施乐复印，结果拿到的却是一卷磁带⊖，你一定会生气。）。

就连施乐公司自己也清楚这一点。

该公司的一则电脑广告标题是："好有趣，你看起来不像是一台施乐机器。"

另一则广告是："这台施乐机器不能复印。"

你知道的，任何一台不能复印的施乐机器一定会出问题。这就好比免费搭乘泰坦尼克号一样，灾难在所难免。当施乐公司关闭其电脑业务时，额外损失达 8440 万美元。

亨氏是什么？它曾经代表腌菜。亨氏公司拥有腌菜的定位和最大的市场份额。

后来，该公司使亨氏转而代表番茄酱，并且也非常成功。如今，亨氏成了番茄酱领域的第一品牌。

然而，跷跷板的另一头发生了什么呢？自然不用说，亨氏把腌菜行业的领导地位输给了 Vlasic 品牌。

施乐牌电脑要想成功，施乐公司就得让施乐品牌代表电脑。但是，对

⊖　早期用来存储电脑数据的一种磁带。——译者注

亨氏公司规模更大、名字更好，但是，Vlasic 的腌菜和嘉宝（Gerber）的婴儿食品都在销量上超过了亨氏。一家声誉更大的大公司往往敌不过一家定位精准的小公司。规模不重要，重要的是定位。

于一家拥有复印机定位并且 90% 的业务都源于此的公司来说，这样做合理吗？

"施乐"不仅仅是一个名字，而是一个定位。就像舒洁、赫兹、凯迪拉克一样，"施乐"代表了一个拥有巨大长期价值的定位。

如果有人想要抢占你的定位，可以说这非常糟糕。若你自己主动放弃定位，这简直就是悲剧。

匿名是一种资源

企业总想搭便车的原因之一是低估了匿名的价值。

在政界、营销界和生活中，匿名也是一种资源，过多的宣传很容易浪费它的价值。

政界有句老话，"无名之辈斗不过大人物"，但是现在可以。

"无名之辈"吉米·卡特在一群大人物当中声名鹊起，这说明政治舞台上的角逐已今非昔比。过去的至理名言不管用了。

理查德·尼克松也许是世界上最有名的政治家。可是，几乎任何一个无名之辈都有可能打败他。贝拉·艾布札格 (Bella Abzug) 和克利福德·凯斯（Clifford Case）之类的知名政界人物的落败，进一步证明光有名气是不够的，必须要有定位。

你需要一个不会把你逼到失败者位置的定位，不要发生像"凯斯参议员年纪太大"和"艾布札格女士脾气暴躁"那样的负面定位。

公关宣传如同吃饭，最令人胃口大减的莫过于一顿丰盛的大餐，而最能降低一款产品或一个人的公关潜力的莫过于一篇全国性杂志上的封面故事。

媒体每天都在搜寻新的、与众不同的、年轻的新鲜面孔。

在和媒体打交道时，你必须保护好自己的匿名资源，直到准备好用它。而当你使用这种匿名资源时，要不遗余力。需要牢记的是，你的目的不是为了宣传而宣传，而是为了在潜在顾客心智中建立一个定位。

一家拥有不出名产品的不出名公司，比一家产品为人熟知的知名公司，能够从公关宣传中获益更多。

安迪·沃霍尔（Andy Warhol）曾预言："未来，人人都会出名 15 分钟。"

当你的 15 分钟来临时，充分利用好每分每秒。

"无名之辈"约翰·麦凯恩（John McCain）⊖的声名鹊起，说明了匿名所具有的公关优势。相反，史蒂夫·福布斯（Steve Forbes）曾在 1996 年的大选中名噪一时，因而在 2000 年时获得的有利公关宣传少了很多。在我们看来，麦凯恩的竞选失败是由于他没有想清楚如何给自己精准定位。乔治·布什的定位是"富有同情心的保守派"，那么约翰·麦凯恩呢，他代表了什么？满足所有人的需求在政界同样行不通。

⊖　美国参议员，2000 年竞选总统候选人未果。——译者注

POSITIONING

第 12 章

12

品牌延伸陷阱

在过去 10 年的营销史上，最突出的潮流是品牌延伸。也就是，把一个知名产品的品牌名用于一个新产品（即"搭便车陷阱"的终极版本）。

Dial 牌肥皂、Dial 牌除臭剂

Life Savers 牌糖果、Life Savers 牌口香糖

舒洁牌卫生纸、舒洁牌纸巾

就像谢尔曼将军当年横扫佐治亚州那样，品牌延伸扫荡了整个广告界和营销界，而且似乎有非常合理的理由。

品牌延伸在逻辑上讲得通：经济学上有论证，行业认可，消费者接受，广告成本降低，收入增加，企业形象进而得到提升。

近年来较为疯狂的品牌延伸案例之一，是米勒牌白啤。

由内而外的思维

品牌延伸在逻辑上讲得通，不幸的是在现实中行不通。

品牌延伸的问题出在哪里？它纯粹是顽固地从企业内部出发的由内而外思考的结果，其过程大致如下：

我们生产的 Dial 牌肥皂在固体皂市场上份额最大。顾客一看到 Dial 牌除臭剂，就知道它是由 Dial 牌肥皂的生产商制造的。

关键在于，"此外，Dial 是一种除臭香皂。因此，顾客会期望我们生产一种优质的腋下除臭剂。"总之，买 Dial 牌肥皂的顾客也会购买 Dial 牌除臭剂。

但是，请注意，如果品牌延伸发生在同一个品类内，企业的推理过程就不一样了。

拜耳公司"发明"了阿司匹林，多年来一直是解热止痛药的领导品牌。但是，拜耳无法忽视泰诺因采取"打击阿司匹林"战略所斩获的成果。

于是，拜耳也推出了一种对乙酰氨基酚产品，叫"拜耳非阿司匹林止痛药"。拜尔以为，那些买过泰诺或其他对乙酰氨基酚类药品的人，会回过头来购买拜耳对乙酰氨基酚，因为它是治疗头痛的领导品牌。

可惜，以上两个例子中的战略都无效。

Dial 拥有的固体皂市场份额很大，但除臭剂的市场份额很小。

拜耳非阿司匹林产品在对乙酰氨基酚类药品市场上的份额很小，简直微不足道。

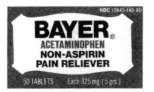

一群幼稚的成年人（我们无法想象女人也会犯同样的错误）围坐在董事会办公室的会议桌旁，决定把他们生产的新型对乙酰氨基酚产品命名为"拜尔非阿司匹林止痛药"。该品牌能从泰诺手里抢走业务吗？不可能。

由外而内的思维

我们不妨从潜在顾客的角度看品牌延伸，由外而内地思考。

Dial 和拜耳这两个品牌，都在潜在顾客的心智中拥有强大的定位。

那么，在心智中拥有定位意味着什么？简单来说，就是指品牌名变成了产品通用名称的代名词。

"给我一瓶可口可乐。"

"拜耳在哪里？"

"给我 Dial。"

定位越强，这种代名词现象就越容易发生。有些品牌的定位十分强大，实际上已经变成了品类通用名，如 Fiberglas（玻璃纤维）、富美家（耐火板）、Jello（果冻）、舒洁（卫生纸）、邦迪（创可贴）、Sanka（无咖啡因咖啡）。当然，"通用"品牌名容易越界，须谨慎使用，否则会受到美国政府的惩罚。

从传播的角度看，成为通用品牌名非常有效。这种通用品牌名不仅阐述了品牌，也阐述了品类。一旦拥有了通用品牌名，就可以忽略品牌，直接宣传品类。

"咖啡让你睡不着？喝 Sanka 品牌吧。"（这里可以看出律师的干预有多强。如果没有多余的"品牌"二字，广告主题会更突出。）

"给你的家人吃低热量的 Jello，别再吃蛋糕或馅饼了。"

从潜在顾客的角度来看，品牌延伸与通用品

拜耳没有放弃，继拜耳非阿司匹林失败后，又推出了"拜耳优选"系列。该系列包含五种不同的止痛药，全都不含阿司匹林，而且都以拜耳命名。公司花了 1.1 亿美元发布"拜耳优选"系列，但是，第一年的销售额仅 2500 万美元。

牌的定位相悖。品牌延伸使得品牌在心智中失去清晰的焦点。当顾客想要阿司匹林时，再也不能说"给我拜耳"。或者，想买肥皂时，再也不能说"给我 Dial"了。

从某种意义上说，品牌延伸是在提醒潜在顾客："拜耳"其实只不过是一个品牌名。品牌延伸打破了人们心目中拜耳就是最好的阿司匹林的印象。或者，这样做打破了 Dial 就是除臭香皂的印象，Dial 不过就是一个品牌名。

在推出永久牌蓄电池时，西尔斯还是世界上最大的零售商。永久自然也成了当时美国最畅销的汽车蓄电池品牌。我们相信，当时在西尔斯公司内部，也会有不少人问："为什么不叫'西尔斯'牌蓄电池？"

彭尼 vs. 永久

真正进入心智的根本不是产品，而是产品的"名字"。在潜在顾客心智中，名字就像是一个钩子，上面挂着产品的特性。

因此，如果汽车蓄电池的名字是永久（Die-Hard），并且西尔斯百货告诉潜在顾客这款蓄电池可以用 4 年，潜在顾客心智中就有了一个钩子（"永久"），上面挂着"耐用"的特性。

然而，如果蓄电池的名字叫彭尼（JC Penny）⊖，这个零售商告诉潜在顾客这种电池从不需要加水，潜在顾客就会有一个非常弱的钩子（"彭尼"）来挂产品的特点（且不提"彭尼"同时作为公司名

⊖ 世界 500 强企业，美国最大的连锁百货商店之一。——译者注

与产品名，给顾客带来的混淆）。

用一个形象的比喻，名字就像刀尖，它能够撬开心智，导入信息。产品有了恰当的名字，就能够填补心智里的空位，并且生根发芽。

那么，彭尼公司为什么非得给蓄电池取名彭尼呢？应该还有其他类似"永久"之类更易于传播的词可以选择啊。

如果你"由内而外"地思考，就很容易明白其中的原委。"我们是彭尼公司，受到各路消费者的高度推崇，其中包括蓄电池的消费者。我们要把公司名用作蓄电池的名字，这样一来，所有人一看就知道生产商是谁，也会知道这是一款特别好的产品。"

这种思维还会补充一个关键点："给蓄电池加上彭尼的名字，潜在顾客就知道去哪儿买了。"

"好主意。"于是，又一个符合逻辑的、由内而外的决策诞生了。

可是，如果从潜在顾客的角度看，这个名字就完全不合理了，因为潜在顾客的心智不会这样考虑问题，他们的出发点是产品。

不出意料，在品牌偏好度上（即在潜在顾客心智中的蓄电池阶梯上），"永久"位于第一层，而"彭尼"排在很下面。

不过，像彭尼这样的大型零售商，不是也卖出去很多蓄电池吗？当然没错。不过，要知道，很多产品"尽管"名字起得不好也能卖出去，而不是"因为"起了这个差名字而卖出去。

另外，难道潜在顾客就能够记得住，只有在西尔斯才能买到永久牌电池？是的，这是西尔斯面临的问题，即并非每个想买永久牌电池的人都能够联想到西尔斯。但是，最好首先让品牌在潜在顾客心智中占据一个定位，然后再考虑如何让顾客联想到这个品牌的零售商。

做定位时，走捷径未必就是最好的战略，显而易见的名字并不总是最好的。

由内而外的思维是成功最大的障碍，由外而内的思维才是最佳的解决之道。

看待名字的两种方式

消费者和生产商看待品牌名字的方式截然不同。

你相信吗？对于亚特兰大可口可乐公司的人来说，可口可乐不是一种软饮料，而是一家公司、一个品牌名、一个机构和一个不错的工作场所。

但是对于消费者来说，可口可乐是一种甜的、带气的棕色饮料。或者说，可口可乐就是瓶子里装着的那些液体，而不是由一家叫可口可乐的公司生产的一种可乐饮料。

营销人员知道的太多了。他们清楚罐子上印的是里面饮料的品牌名（有时也是生产商的名字）。比如，这是可口可乐公司生产的一罐可乐。既然如此，为什么不可以推出一款由可口可乐生产的柠檬-青柠类饮料，以替代雪碧呢？可以，但是潜在顾客会深感困惑。对于喝可乐的人来说，可口可乐就是罐子里装的液体，印在罐子上的品牌名只是为了告诉喝的人里面装的液体叫什么名字，而且是正宗货。不要去挑战顾客的这些认知，否则是自冒风险。

同样，拜耳就是装在阿司匹林瓶子里的那些小药片，而不是由一家叫拜耳的公司生产的阿司匹林[其实，公司的名字是斯特林（Sterling Drug），不是拜耳。因此，从逻辑上讲，"拜耳非阿司匹林"应该叫作"斯特林非阿司匹林"]。

成为通用名的品牌名称的最大优势在于，名字几乎等同于产品本身。在消费者的心智中，拜耳就是阿司匹林，其他阿司匹林品牌都是"拜耳的仿冒品"。

可口可乐的那句著名口号"正宗货"，利用了潜在顾客的如下心理：他们往往会推崇第一个进入心智的产品，并认为跟风产品终归不如原创产品。

当买不到可口可乐、舒洁或拜耳时，或者在其他品牌的价格足够便宜的情况下，潜在顾客才可能买其他品牌。但是即便如此，拜耳等品牌仍然在顾客心智中拥有很强的地位。

但是，请注意，如果让同样的顾客去买"拜耳非阿司匹林"产品时，会发生什么情况。顾客会想：拜耳就是阿司匹林，又怎么会是非阿司匹林呢？

拜耳缓释阿司匹林、拜耳抗鼻塞感冒药、拜耳非阿司匹林止痛药，拜耳的每一次品牌延伸，都在削弱品牌的阿司匹林定位。

不出所料，拜耳在解热止痛药市场上的整体份额在持续下滑。

"蛋白质 21" 是什么

蛋白质 21（Protein 21）洗发水当属品牌延伸陷阱的一个经典案例。

1970 年，Mennen 公司推出了一款洗发水和护发素二合一的产品，名为蛋白质 21。该产品迅速占领了洗发水市场 13% 的份额。

随后，Mennen 经不住品牌延伸的诱惑，很快推出蛋白质 21 定型喷雾，包括普通型和加强型，以及有香型和无香型。接着，它又推出了蛋

毁灭一个品牌最简单的做法是进行品牌延伸。如果 Mennen 公司没有把"蛋白质 21"这个名字用于定型喷雾和护发素，如今它可能已是一个大品牌。

白质 21 护发素（两种配方）和蛋白质 21 精华素。另外，它还推出了男士专用的蛋白质 29 系列。这下，消费者记不住该往头发上抹哪个产品了。

难怪蛋白质 21 在洗发水市场上的份额从 13% 跌至 2%，而且，肯定还会继续下滑。

虽然看起来不可思议，但是品牌延伸思维在整个包装产品行业继续风靡。

"适高"是什么

再看看适高（Scott）在纸制品行业中的定位。在规模达数十亿美元的纸制消费品市场上，包括纸巾、餐巾纸、卫生纸及其他纸品等，适高拥有最大的市场份额。然而，适高在自认为很强的领域里其实很弱。

Charmin	30%
Northern	14%
适高	12%
Angel Soft	11%
Cottonelle	10%

上表为目前各主要卫生纸品牌的市场份额占比。曾经的领导品牌适高，如今退居第三。它存在的问题比看起来的更严重。一旦失去领导地位，其损失的不仅仅是部分业务，还有渠道影响力、利润空间及品牌声誉。领导地位本身是营销战中最强有力的定位。

适高牌纸巾（ScotTowels）、适高牌卫生纸（ScotTissue）、适高牌面巾纸（Scotties）、适高牌餐巾纸（Scotkins），甚至还有适高牌婴儿纸尿布（BabyScott diapers），所有这些名字都削弱了适高的品牌根基。"适高"这个名字承载的产品越多，对于消费者的含义就越模糊。

以适高牌卫生纸为例。适高原本是卫生纸市场上的第一品牌。后来，宝洁公司推出 Charmin 牌卫生纸，其广告以杂货店经理惠普尔先生（Mr. Whipple）阻止女顾客捏 Charmin 牌卫生纸的场景，突出了 Charmin 卫生纸的柔软（因为柔软，所以顾客忍不住想捏）。如今，Charmin 是第一，适高是第二。我们可以预见，适高系列的其他产品迟早也会败下阵来。

在适高案例中，市场份额大并不意味着品牌占据了定位。心智份额大才更重要。家庭主妇在购物清单上写的"Charmin、舒洁、Bounty 和帮宝适"这些名字，我们一看就能确切知道她打算购买什么产品。而"适高"在购物清单上不代表任何产品。

适高各类产品实际的品牌名对于区分产品也帮助不大。例如，Scotties（适高牌面巾纸）和 ScotTissue（适高牌卫生纸），哪一个是专门用来擦鼻涕的呢？

从定位的角度来看，适高这个名字在顾客心智中没有栖身之处，因为它在任何产品阶梯上都没有稳固的位置。

适高公司已经意识到自己的错误。它新推出的 Viva 牌纸巾，获得了很大的成功，Cottonelle 牌卫生纸也卖得不错。

Life Savers 是什么

Life Savers [⊖]牌口香糖是另一个失败的品牌

我们坚决反对品牌延伸。在 1984 年 3 月 7 日出版的《纽约时报》上，我们就品牌延伸问题打了一整版的广告。广告中提出了一个问题："是什么使得'米勒高品质生活啤酒'每况愈下？"答案是："米勒莱特啤酒的成功。"历史往往会重演。康胜淡啤差不多快把常规型康胜啤酒挤出市场了。眼下，百威淡啤的成功也造成了常规型百威啤酒销量的严重下滑。世上没有免费的午餐。

⊖ lifesavers 是救生圈的意思，该品牌的糖中间有个洞，形状像救生圈。——译者注

延伸案例。可以说，这个品牌已经命悬一线。

同样，品牌延伸在逻辑上讲得通。

在《纽约时报》的一篇报道中，Life Savers 公司的执行副总裁这样解释新产品的战略："我相信，把一个强势的既有品牌名应用到一个具有相似特点的新产品上，可以提高成功概率。"

接着，他介绍了 Life Savers 牌糖果的特点："我们从和消费者的对话中得知，Life Savers 这个品牌名所表达的不仅仅是中间有个洞的糖果，还意味着味道超好、物超所值和可靠的品质。"

这番话说得不对。如果问消费者"哪个品牌代表味道超好、物超所值和可靠的品质"，会有多少人回答"Life Savers"？没有。

但是，如果问消费者："中间有个洞的糖果叫什么？"

大部分人会说："Life Savers。"

那么，品牌延伸结果如何？ Life Savers 牌口香糖的市场份额一直只有几个百分点。它属于那些如今你再也看不到的品牌之一，因为早在 1978 年就销声匿迹了。

就像电视广告上说过的："这个产品不错，可是中间那个洞怎么没有了？"

Life Savers 牌口香糖产品上当然没有洞，而是营销战略有漏洞。

讽刺的是，Life Savers 公司在口香糖领域也取得了一项巨大的成功，那就是在泡泡糖品类上。

不过，不是 Life Savers 牌泡泡糖，而是 Bubble Yum。这是第一个软泡泡糖品牌（兼具"第一个进入心智"及"非品牌延伸名称"的双重优势）。

Bubble Yum 大获全胜，其销售额已超过 Life Savers 牌糖果。Bubble Yum 不仅是销量最大的泡泡糖品牌，还有可能成为所有咀嚼型口香糖中最畅销的品牌。

永备是什么

当新技术来临，很多公司都会遇到挑战。

在电池主要用于手电筒的年代里，永备（Ever-eady）[⊖]主导着电池市场。后来，随着晶体管的发明，诞生了众多新产品，包括磁带录音机，以及功能更强大的收音机。当然，也诞生了更耐用的碱性电池。

P. R. Mallory 公司发现商机，推出黑金相间、外观独特的金霸王碱性电池。

美国联合碳化物公司的人则不屑于使用新名字，它认为："我们已经拥有电池行业里最好的名字了。"

并非如此。如今，金霸王的销量超过了永备碱性电池。为应对金霸王的成功战略，永备的人显然觉得有必要效仿金霸王的黑金配色方案。同时，他们在外观上让"碱性电池"这几个字比"永备"商标更突出。

相比之下，金霸王电池的外观上只需突出"金霸王"三个字，连"碱性电池"都没必要标，因为"金霸王"本身就等于碱性电池。

毫无疑问，这就是定位的精髓所在：让品牌名成为品类通用名称的代名词。如此一来，潜在

本书出版后不久，我们打电话给美国联合碳化物公司广告部的经理，建议推出一款使用新名字的碱性电池。对方的回答却是："我们绝不会推出使用永备以外名字的电池。"但后来该公司还是推出了劲量新品牌（金霸王步步紧逼，美国联合碳化物公司被迫推出新品牌）。如今，金霸王的销量超过永备和劲量之和，尽管劲量广告里的那只卡通兔吸引了大众眼球（在电视游戏节目《21》里，一位参赛选手因为把那只劲量的兔子说成是金霸王的而痛失 10 万美元）。

⊖ 美国联合碳化物公司（Union Carbide）旗下的著名电池品牌。——译者注

顾客自然就会把品牌名当通用名称来用。

然而，由于品牌延伸从直觉上判断似乎非常正确，因此要抵制品牌延伸的诱惑，只有研究营销史上品牌延伸的经典失败案例这一条路。

失败案例并不难找，它们都是错失良机的传奇故事。

错失"100 毫米香烟"机会

第一支 100 毫米的超长香烟是哪个牌子？

Benson & Hedges（以下简称 B&H）对吧？它是最有名、销量最大的 100 毫米香烟品牌。

"B&H 牌香烟的缺点"系列广告的宣传将品牌打入了烟民心智。B&H 成了 100 毫米香烟这一概念的开拓者、原创者及发明者。

但是，事实并非如此。第一支 100 毫米的香烟是 Pall Mall Gold，然而，Pall Mall 公司却陷入了品牌延伸陷阱。

B&H 公司乘虚而入，抢占了超长香烟的定位。

你或许认为 Pall Mall Gold 这次错失良机，会让企业对品牌延伸失去信心。

但是没有。我们说过，品牌延伸在逻辑上有很强的说服力。

于是，现在有了薄荷型 Pall Mall、特柔型 Pall Mall 及轻淡型 Pall Mall 100s。名称的混乱损害了 Pall Mall 基础品牌的销量。

以薄荷型 Pall Mall 为例。公司认为品牌延伸的理由不容置疑："Kool 和沙龙（Salem）等薄荷型香烟品牌占据的市场份额越来越大……如果我们也推出一个薄荷型香烟品牌，就可以从这个日益增长的市场上分得一杯羹。"

薄荷型 Pall Mall 上市后，销量从未超过 Kool 牌的 7%。

1964 年，Pall Mall 是美国第一香烟品牌。

1965 年，Pall Mall 开始品牌延伸，销量随即下滑至第二位。此后，Pall Mall 在美国香烟市场上的份额逐年递减。

1964 年，其所占份额为 14.4%，如今连一半都不到。

品牌延伸的逻辑也可以反过来看。既然常规型香烟品牌占据香烟市场的很大份额，你还会推出非薄荷型 Kool 牌香烟吗？

当然不会，因为 Kool 就是最早的薄荷型香烟。Kool 代表薄荷型香烟，就像拜耳代表阿司匹林。

市场上现有的大多数品牌都在做品牌延伸，这对 Kool 来说是件好事。

如今，一家货品齐全的烟草专卖店出售的不同品牌达 100 多个（含品牌延伸产品）。整个烟草行业生产的品牌约有 175 个。这么多的品牌，让顾客感到困惑不堪（吸烟不仅对香烟营销人员的肺有害，而且也会使他们的心智不能做出正确的决策）。

当然，万宝路和温斯顿两大领先品牌早就通过品牌延伸推出了轻淡型、100 毫米和薄荷型香烟。所以，按照品牌延伸理论，你觉得这两大品牌会不会步 Pall Mall 的后尘？或许吧。不过，在盲人国，一只眼的人就能当国王。⊖

万宝路如今成了全球销量最大的香烟品牌，我们应该谈谈它为什么会成功。实际上，所有的香烟品牌都在设法吸引女性消费群体（既然吸烟的大多是男性，女性自然成为拓展业务的新机遇）。菲利普·莫瑞斯公司反其道而行之，聚焦于塑造男人中的男人，即牛仔形象，从而确立了男子汉香烟品牌的定位。骆驼（Camel）香烟是什么？谁知道呢？温斯顿（Winston）是什么？也没人知道。万宝路是什么？一种男子汉抽的香烟，碰巧也是女人消费最多的香烟品牌。

⊖　这里的意思是，当所有品牌都在做品牌延伸时，领先品牌具有相对竞争优势。——译者注

万宝路没有品牌延伸吗？当然有。但是，不该这么问。应该问的是："如果菲利普·莫里斯公司把在薄荷型万宝路、中焦油型万宝路和柔和型万宝路等延伸产品上消耗的资源投入打造新品牌，会不会发展得更好？"我们认为会。但是，由于我们反对抽烟，所以，希望菲利普·莫里斯公司不要采取我们的建议。顺便说一句，有多少牛仔会抽薄荷型香烟？

还有哪些品牌能够挑战领导者？几乎所有的主流香烟品牌都已经品牌延伸得不能再延伸了。

就像给烟民的警告一样（"吸烟有害健康"），或许香烟生产商也需要一句警告："品牌延伸损害企业利润"。

错失"玉米油人造黄油"机会

另一个错失良机的案例发生在人造黄油领域。

Fleischmann's 是玉米油人造黄油领域里的领导品牌和最大销售商。

但是，第一个玉米油人造黄油品牌是 Mazola。这是企业被品牌延伸逻辑引入歧途的一个典型例子。

Mazola 原来是液体玉米油领导品牌。企业认为，还有比"Mazola 牌玉米油人造黄油"更合乎逻辑的名字吗？Mazola 牌玉米油、Mazola 牌玉米油人造黄油，这样做的结局大家都知道了。

如今，Fleischmann's 才是玉米油人造黄油第一品牌。

奇怪的是，从严格意义上讲，Fleischmann's 牌人造黄油也是一个品牌延伸名称。还记得 Fleischmann's 牌酵母粉吗？幸运的是，没多少人记得，因为现在很少有人自己烤面包了。

除此之外，Fleischmann's 杜松子酒、伏特加

和威士忌，也都出自同一家公司。但是由于酒精
饮料和人造黄油在人们心智中相去甚远，因此
混淆程度降到了最低。（谁会相信"凯迪拉克"
牌狗粮真的是通用汽车公司生产的？）

错失"冻干速溶咖啡"机会

还有一个错失良机的案例发生在冻干咖啡领
域。如今，Taster's Choice 是该领域的领导品牌
且销量最大。

可是，第一款冻干咖啡叫什么名字？麦氏典
藏（Maxim）。那么，为什么麦氏典藏没有成为第
一品牌？这是一个值得细说的阴谋与勇气的故事。

凭借麦斯威尔（Maxwell）这个主品牌，通用
食品公司（General Foods）主导了咖啡市场，享
有最大的市场份额和最高利润。后来，该公司发
明了一种新的加工工艺，即"冻干速溶"。

从表面上看，这一工艺似乎有助于提高通用
食品公司在咖啡市场上的份额。

实际上呢？

通用食品公司的出击错误，对于竞争对手来
说是好消息。由于麦氏典藏这个名字是从麦斯威
尔主品牌延伸出来的，该公司立刻陷入劣势（大
部分人无法区分 Maxim 和 Maxwell）。Maxim 是
个没有含义的词，没有蕴含新产品的价值。

有个不为人知的故事，雀巢公
司在给自己对抗麦氏典藏的冻
干咖啡命名时，内部发生过争
论。一方面，瑞士公司管理层
希望命名为"金牌雀巢咖啡"，
这样就可以充分利用雀巢咖啡
这个世界上销量最大的速溶咖
啡的品牌名；另一方面，美
国公司管理层则坚持取名为
Taster's Choice，最终在公司
内部争论中胜出，也在外部市
场上获得了胜利。一个更好的
名字加上一个更好的战略，有
时能够克服作为品类里第二品
牌的劣势。

雀巢公司的反击策略是推出 Taster's Choice ⊖。雀巢公司不仅对于这个名字的选择具有战略眼光，而且其出击时机也几乎完美。没等竞争品牌麦氏典藏进入咖啡消费者的心智，雀巢就及时杀了进来。

"Taster's Choice"这个新名字还有助于雀巢攻取磨粉烘焙咖啡市场。广告是这样说的："就像磨粉烘焙咖啡煮出来的味道。"结果如何？你知道的。

Taster's Choice 是这场冻干速溶咖啡之争的大赢家。尽管通用食品公司开创了冻干咖啡品类，并且第一个面市，但是 Taster's Choice 的销量是麦氏典藏的两倍以上。

错失"特润护手霜"机会

再举一个发生在护手霜领域的错失良机的案例。故事先从护手霜市场上的主导品牌杰根斯（Jergens）说起。

最初，该公司推出了杰根斯特润护手霜（Jergens Extra Dry）。在那个年代，市场上流行的手部护肤产品是乳液状的，而杰根斯的新产品则是霜状的。这确实是一项重大创新，但是被相似的产品名称给扼杀了，因为潜在顾客没有看出新老产品有什

杰根斯特润护手霜
vs.
倍护

倍护的成功验证了一个重要的定位概念：竞争对手推出的品牌延伸产品，往往对你是一次机遇。给品牌延伸产品配以全新的名字，你就有机会赢得竞争。Benson& Hedges、Taster's Choice 及倍护就是三个典型例子。

⊖ 意思是"品尝家的选择"。——译者注

么不同。

但是竞争对手看出了不同。

旁氏公司（Chesebrough-Pond's）随后推出倍护特润护手霜。此时，这种新型的霜状手部润肤产品才第一次有了名字，并在消费者心智中有了清晰定位。这个品牌的销量很快起飞了。

当然，杰根斯反应过来后，推出新品牌Direct Aid 进行反击。

之后，又是不断重演的故事情节，由于倍护已经取得营销胜利，而杰根斯行动太晚、力度太小，因此难以挽回局面。如今，倍护是护手霜领域的第一品牌，其销量超过杰根斯、杰根斯特润护手霜及 Direct Aid 三个产品之和。

然而，倍护的全名实际上是凡士林倍护，这不也是一个品牌延伸名字吗？

没错，但是顾客把这个产品称为倍护，而非凡士林。顾客认为，凡士林是石油提取凝胶，而倍护则是护手霜。

无糖可乐

很少有机会能够观察到像健怡百事可乐和Tab 这样战略截然不同的两个产品在无糖可乐上的直接对峙。

品牌延伸的危害之所以不易察觉，是因为所

如果你信奉品牌延伸，就不会相信事实。尽管 Tab 的销量超过了健怡百事，也因而证实了品牌延伸名的劣势，但是百事可乐依然不知悔改，继续推出水晶百事（Crystal Pepsi）、野樱桃味百事（Wild Cherry Pepsi）、极度百事（Pepsi Max）和百事 XL。另外，百事可乐还推出了轻怡百事、百事 AM 和百事一卡（Pepsi One）。这些品牌没有一个成功的，将来也不可能。

有的优势看起来都归于百事。毕竟，像百事这样的大品牌，加上"健怡"这种描述性的形容词，看起来无往不胜。

此外，健怡百事可乐还是第一个上市的。根据定位法则，第一个进入潜在顾客心智的品牌拥有巨大的优势。但是，这都不足以克服一个品牌延伸名字所带来的劣势。

这场无糖可乐营销战的赢家是 Tab。百事这个名字延伸到无糖可乐领域并无优势，只有劣势。

喝可乐的人会认为，健怡百事可乐比不上常规百事可乐，而 Tab 却是独立品牌（因此没有老产品可以比较）。

那么，在 Tab 取得出色的营销胜利之后，可口可乐公司有没有遵守定位原则呢？

当然没有。可口可乐接下来犯了同样的错误。Tab 如今也有了沙士⊖、姜汁汽水及黑樱桃味汽水。要想在这些品类里建立品牌，就不该再使用 Tab 这个已经成为"无糖可乐"代名词的品牌。

输的那一方呢？没有比输掉一场关键球赛，更能促使教练改变战略的了。那么，百事可乐后来怎样？

现在，轻怡百事变成了百事一卡。真是无休止的胡闹。

它再次犯了同样的错误，推出轻怡百事可乐（Pepsi Light），一个无足轻重的品牌延伸名。

⊖ 美国流行的一种碳酸饮料。——译者注

反品牌延伸

品牌延伸通常是错的，但是把品牌延伸反过来可以。把品牌延伸反过来，可以叫作"拓宽应用范围"。强生婴儿洗发水就是最好的例子之一。

强生公司通过向成人市场宣传产品的温和特质，使强生婴儿洗发水成为成人洗发水领域的领先品牌之一。

请注意"拓宽应用范围"的战略要点是：同样的产品、同样的包装、同样的标签，只有用途不一样。

如果强生公司进行品牌延伸，推出强生牌成人洗发水，不可能会如此成功。

拓宽应用范围的其他例子，还包括蓝仙姑（Blue Nun），这种白葡萄酒向顾客推广自己搭配肉类和搭配鱼类一样好。

这些不是"满足所有人需求陷阱"的例子吗？完全不是。强生婴儿洗发水是第一个也是唯一一个向成人推销的婴儿洗发水；蓝仙姑则是唯一一种推销自己既可以搭配鱼肉也可以搭配其他肉食的白葡萄酒。

如果其他品牌采取同样的策略，不会那么成功。

另外还有艾禾美小苏打，推销自己非常适合用于冰箱除味和下水道清洁，也非常成功。可是，

有过一小段时间，强生婴儿洗发水事实上成了成人洗发水领域的领先品牌。后来，强生公司撤回了这个广告项目，对该产品放任自流。有些产品需要投入大量广告，来维持品牌的定位概念在消费者心智中的活跃度。这种战略不一定会增加销量，但是可以维持现有销量水平。然而，很多公司都是以"投资回报率"来衡量广告效益。

艾禾美公司将其品牌延伸到了更广泛的品类，如牙膏、地毯清洁剂等。这些产品中的大部分，至多销量平平。问题是：假如这家公司利用其技术实力推出新品牌名字的新品类，情况是否会好一点？含小苏打成分的美达净（Mentadent）牙膏的销量超过了艾禾美牌牙膏。迷恋自己的品牌名，是美国大公司的通病。

连《哈佛商业评论》杂志也站出来呼吁：品牌延伸是大错特错。为什么就是没人听呢？

当这家公司通过品牌延伸推出艾禾美牌小苏打腋下除臭剂时，结果如何呢？

收效甚微。就像菲利斯·迪勒（Phyllis Diller）⊖说的："只有当你站在冰箱里的时候，才管用。"

⊖ 菲利斯·迪勒，美国著名喜剧演员。——译者注

POSITIONING

第 13 章

13

品牌延伸何时有效

毫无疑问，品牌延伸很流行。

纽约市的职业棒球队、美式足球队、篮球队和网球队的名字是 Mets、Jets、Nets 及 Sets。㊀

就连纽约市外围投注机构都在张贴的海报上自称"纽约 Bets ㊁"。如果纽约有健身队，大概会称为"纽约 Sweats ㊂"吧。

依此类推，纽约黑帮可以称为"纽约 Ghetts ㊃"，城市规划者应该称为"纽约 Debts ㊄"。

幸好人们还没有完全丧失理智，事情似乎有朝另一个方向发展的趋势。纽约网球队醒悟过来，把名字从"纽约 Sets"改成了"纽约 Apples"。

短期有利

品牌延伸热持续不退的原因之一，是品牌延伸在短期内具有一定的优势。

比如，纽约市即将成立一支专业的游泳队。各大报纸在报道这一事件时，可能使用的典型新闻标题是"Wets ㊅来了"。只看"Wets"这个词，我们就知道：①这是一支专业的运动团队；②这个团队来自大都会纽约地区；③这可能是某项水上运动。

但这些都只是短期的。随着最初的宣传在心智中逐渐淡化，困惑便随之而来。

㊀ Mets、Jets、Nets 和 Sets 这些名字，在英文中都是一个音节，并且尾音相同，所以容易混淆。——译者注
㊁ Bets 意指赌注。——译者注
㊂ Sweats 意指出汗。——译者注
㊃ Ghetts 为 Ghettos 的简称，意指贫民窟。——译者注
㊄ Debts 意指债务。——译者注
㊅ Wets 意指潮湿。——译者注

真的有一个叫"Wets"的游泳队吗？还是我把它和一个叫"Nets"的篮球队搞混了？或者我在想一个叫"Sets"的网球队？让我想想，"Nets"改名"Apples"了，Wets是"Sets"改名而来的吗？

由于品牌延伸名和原品牌名相关联，因而消费者很快会理解："哦，原来是健怡可口可乐。"

同时，这很快会产生销量。当 Alka-Seltzer 推出新产品"升级版 Alka-Seltzer"时，渠道都想囤货。虽然消费者不一定会买，但是零售商肯定会进货。

因此，早期的销售数据会很好看。（要想达到 100 万美元的订货量，只需向每个超市推销 5 美元。）

前 6 个月会有不错的业绩表现，因为这段时间里的销量是在往渠道里铺货。但是 6 个月后，就会出现没有重复订单的情况，感觉突然之间就出了大问题。

长期不利

对延伸品牌初次认识之后，潜在顾客始终无法确定这款产品是否真的存在。

像喜立滋淡啤、Pall Mall 特柔型香烟和杰根斯特润护手霜之类的品牌名，很容易被心智接受，

理解品牌延伸问题的关键之一，是要分别看待短期效应和长期效应。酒精是兴奋剂，还是抑制剂？实际上，两者都是。从短期效应看，酒精是兴奋剂；从长期效应看，酒精是抑制剂。品牌延伸的道理与酒精基本相同。

也很容易被遗忘。对于潜在顾客而言，这些品牌几乎不用动脑筋。

来得快，去得也快。由于在心智中没有独立的位置，品牌延伸名很容易被遗忘。品牌延伸名就像原品牌名的附庸，唯一的贡献就是模糊原品牌名所占据的定位，而且这往往会导致灾难性的后果。

回到 20 世纪 30 年代，罗尔斯顿·普瑞纳公司（Ralston Purina Company）[⊖]曾在电台为"罗尔斯顿 1、2、3"[⊜]做广告。其中，1 代表"饼干型"，2 代表"常规型"，3 代表"速溶型"。

1、2、3，结果都没了。

广告传奇人物大卫·奥格威在一则广告里同时宣传"白林索（Rinso White）肥皂和蓝林索（Rinso Blue）洗衣粉"，结果遭遇惨败。

莎莉公司（Sara Lee）[⊜]曾尝试通过烤鸡焗意面之类的产品进入冷冻正餐食品领域。该公司本身拥有甜点的定位。没有人不喜欢莎莉甜点，可是却有很多人不喜欢烤鸡焗意面，也不会进行购买，尤其不会购买莎莉烤鸡焗意面。

于是，在损失 800 多万美元之后，莎莉公司回归现实，退出了冷冻正餐领域。

失败的品牌延伸案例数不胜数。《今日美国》^⑭的电视节目版（*USA Today on TV*）推出后，第一年亏损 1500 万美元，第二年随即取消。但是请注意，媒体在报道该事件时，总是纠结于节目单、人才、时机、布景等因素，对品牌延伸却从来只字不提。从本质上来说，这就是"产品 vs. 定位"的问题。我们相信，有了正确的名字和定位，即使是那些品质一般的产品和服务，也能够取得成功。大多数人认为，产品或服务的质量才是唯一重要的因素，这种观点不正确。

几乎每个企业都试过品牌延伸。《星期六评论》（*Saturday Review Magazine*）曾试行过四个不同版本（艺术、科学、教育和社会），结果亏损了 1700 万美元。

眼下，李维斯和布朗鞋业公司（Browns Shoe）正合作推出"李维斯鞋履系列"（Levi's for Feet），真是令人难以置信。迄今为止，李维斯仍是牛仔裤市场上的领导品牌，可是这次它搞砸了。

现在又出来了安飞士花卉、真力时（Zenith）手表、老祖父（Old Grand-Dad）[⊖]香烟、比克（Bic）[⊜]连裤袜和舒洁纸尿布。

还有皮尔·卡丹（Pierre Cardin）葡萄酒，既有红葡萄酒，又有白葡萄酒，以及香奈儿男士香水。

"2"似乎是一个颇受青睐的品牌延伸概念，比如 Alka-2、Dial 2、Sominex 2 以及《大白鲨 2》（*Jaws2*）（几乎没有哪部电影续集的票房能够超过第一部）。

就连那些据称精明老练的广告公司也加入了"2"的行列。举几个例子，奥美 2（Ogilvy&Mather 2）、恒美 2（Doyle Dane Bernbach 2）、N.W.Ayer 2 及 Grey 2 等。

李维斯
定制经典系列?

李维斯公司刚开始推出过"李维斯定制经典系列"（Levi's Tailored Classics），结果毫无成效。后来，它又推出了类似产品并重新命名为多克斯（Dockers）。如今，多克斯成了全球品牌，销售额达 15 亿美元，而"李维斯鞋履系列"很快就夭折了。

⊖　一个美国波旁威士忌品牌。——译者注
⊜　一个法国圆珠笔品牌。——译者注

购物清单测试法

品牌延伸的经典测试方法是购物清单法。

列出一张预购品牌清单，如舒洁、佳洁士、李施德林、Life Savers、拜耳和 Dial，然后让你的爱人去趟超市。

这太简单了。大多数的丈夫或妻子会买回如下产品：舒洁卫生纸、佳洁士牙膏、李施德林漱口水、Life Savers 糖果、拜耳阿司匹林和 Dial 肥皂。

诸如舒洁纸巾、Life Savers 口香糖、拜耳非阿司匹林止痛药和 Dial 止汗喷剂之类的品牌延伸产品，还没有毁掉品牌原来的定位（至少目前还没有）。但是，这些品牌延伸产品迟早会自取灭亡。

再来看一张清单：亨氏、适高、蛋白质 21、卡夫。

你爱人买回来的是亨氏腌菜还是番茄酱（又或者是婴儿食品）？是适高卫生纸，还是纸巾？是"蛋白质 21"洗发水、定型喷雾，还是护发素？是卡夫奶酪、蛋黄酱，还是沙拉酱？

当一个名字代表多个产品时，就会引起认知上的混乱，从而一定会逐渐削弱适高和卡夫这些品牌的实力。

就像一个过度膨胀的星体，品牌延伸出来的品牌最终会变成一副燃烧殆尽的残骸，也就是成为营销上的庞大废物。品牌延伸之所以祸害无穷，是因为它就像一种慢性病，潜伏多年才会爆发，过程漫长而不易察觉。

以卡夫为例，这个著名品牌饱受品牌延伸晚期的折磨。

卡夫是什么？什么产品都有，但又什么都不是。卡夫在任何品类里都算不上第一品牌。在蛋黄酱领域，卡夫比不过赫尔曼（Hellmann's）。在沙拉酱领域，卡夫比不过如愿骨（Wishbone）。

而在卡夫公司拥有领导品牌的品类里，其品牌名又都不是"卡夫"。举几个例子：

在奶油乳酪领域，是费城（Philadelphia），不是卡夫。

在冰激凌领域，是 Sealtest，不是卡夫。

在人造黄油领域，是 Parkay，不是卡夫。

卡夫这个名字的优势在哪里？它太过分散了。卡夫什么都有，又什么都不是。品牌延伸是劣势，不是优势。

在乳酪领域呢？当然，卡夫乳酪的确是一个强势的名字。

它的广告是这么说的："在美国，奶酪的拼法是卡夫（K-R-A-F-T）。"这真是糟糕透顶的战略。

营销就像赛马，赢的马未必是好马，成败取决于比赛中各匹马的实力。

在标售马赛（claiming race）⊖上，获胜的马是劣中最优。在奖金赛（stakes race）上，获胜的马则是优中最优。

卡夫在奶酪领域很成功。现在，说出你知道的所有其他奶酪品牌。

卡夫是标售赛里的获胜者。⊜

在没有其他品牌或者没有强势品牌的市场上，可以进行品牌延伸。但是，一旦出现强势的竞争对手，就麻烦了。

我们对卡夫这个品牌也许太过严苛了。它就是一个像通用电气一样业务广泛、历史悠久的老品牌。卡夫品牌在奶酪领域还不错，但在其他领域就没那么大的影响力了。假如我们是卡夫公司，就会为新品类推出新品牌。

⊖　主要是为促成未获奖马匹的交易而进行的比赛。——译者注
⊜　由于没有其他大品牌奶酪，所以卡夫只是劣中最优而已。——译者注

当年，添加利公司（Tan-queray）曾想借旗下著名金酒品牌之名推出一款伏特加，引起了市场上的极大关注。添加利伏特加能从绝对伏特加和红牌伏特加那里夺得市场吗？绝对不可能。

调酒师测试法

除了购物清单测试法，还有调酒师测试法，也就是你通过酒的品牌名点单时，调酒师会给你什么呢？

如果点"加冰珍宝"（J&B），应该得到苏格兰威士忌。如果点"必富达"（Beefeater），应该得到金酒。如果点"唐培里侬"（Dom Perignon），当然就是香槟。

如果点"加冰顺风"（Cutty）呢？当然，调酒师一定会给你威士忌。但是，到底是顺风威士忌，还是更贵的顺风12？

顺风12就像是威士忌品类里的健怡百事可乐。两者的名字都是由一个知名大品牌名（顺风）和一个描述性词语（12）组成。从酿酒厂的角度来看，十分有道理。可是，喝酒的人又会怎么看呢？

你点"加冰芝华士"时，所有人都知道你要的是最好的威士忌——皇家芝华士。

如果你想点顺风12，就不能只说"顺风"。如果加上"12"，你不敢保证调酒师听到没有，同等重要的是，你会担心旁边坐的人没有听到。

顺风12对原品牌顺风也毫无益处，它不断提醒喝顺风的人：他喝的是顺风系列里品质较差的酒。

顺风12的推出晚于芝华士，所以我们本不该期望过高。不过，早在芝华士上市之前，美国市场上就已经有 12 年苏格兰威士忌的品牌：尊尼获加黑方（Johnnie Walker Black Label）。

当然，如今芝华士的销量约是尊尼获加黑方的两倍。

"调酒师，给我一杯加一点水的尊尼获加。"

"先生，要黑方还是红方？"

"啊……见鬼。来一杯芝华士。"

顺风 12 和尊尼获加黑方都是品牌往高端延伸的例子。这样做的结果通常是高端产品销量不振。（谁会愿意花高价购买一个低价品牌的产品？）

帕卡德是什么

品牌往低端延伸所面临的问题恰好相反。往低端延伸的产品往往能迅速获得成功，但是后遗症随后会出现。

"二战"前，帕卡德（Packard）是美式豪华汽车的首要品牌。在世界范围内，帕卡德作为一种身份和地位的象征，其受尊崇的程度甚至超过了凯迪拉克。

各国元首对帕卡德防弹车青睐有加。富兰克林·罗斯福总统就曾经定制过一辆帕卡德。帕卡德和劳斯莱斯一样，傲然拒绝那些居于次要地位的汽车制造商所采用的每年推出新车型的政策。

没有哪个品牌是永恒的。许多产品都会受到流行因素的影响，比如服装、酒等。过去的热门品牌都是"棕色"酒，如美国威士忌或者苏格兰威士忌。如今的热门品牌却是"白色"酒，如伏特加和龙舌兰酒。如果将来有一天，龙舌兰酒的销量超过伏特加，我们一点都不会感到意外。我们可以预计绝对牌会推出龙舌兰酒吗？绝对会。

到 20 世纪 30 年代，帕卡德公司推出了首款相对没那么贵的低端车型——帕卡德 Clipper。

这款汽车是帕卡德公司历史上最为成功的车型。销售异常成功，但公司就此毁灭（更准确地说，它摧毁了帕卡德象征尊贵的定位，从而毁掉了整个公司）。

帕卡德公司苟延残喘，直至 1954 年并入 Studebaker 公司。四年后，帕卡德公司最终倒闭。

凯迪拉克是什么

你对凯迪拉克了解多少？车身多长？有几种颜色？发动机马力多少？有哪些可选款式？

对于一般的汽车潜在顾客来说，通用汽车公司（General Motors）在传播上没有其他作为，除了它对于凯迪拉克的定位：美国最好的国产豪华汽车。

但是，就连通用汽车公司自己也时常忘记：对于每种产品都存在两种不同的视角。而大多数品牌延伸错误的发生，都是因为营销人员不尊重这一事实。

凯迪拉克是什么？从通用汽车的角度来看，凯迪拉克根本不是汽车，而是一个事业部。实际上，它是通用汽车公司最赚钱的事业部之一。这一点你可能会觉得意外。

任何看起来像雪佛兰的凯迪拉克汽车，都将必败无疑。

可是，从消费者的角度来看，凯迪拉克是大型豪华轿车。问题显而易见。

由于汽油价格的上升，凯迪拉克开始担忧销量。于是，为了维持盈利能力，通用汽车公司推出了一款小型凯迪拉克——赛威（Seville）。

从短期来看，凯迪拉克可以卖出大量赛威。可是，从长远来看，小型凯迪拉克与人们心智中凯迪拉克占据的大型轿车的定位相冲突。

因此，潜在顾客看到赛威时会疑惑："这到底是不是一辆凯迪拉克汽车？"

从长期来看，赛威妨碍了凯迪拉克对奔驰的挑战做出最有效的回应。凯迪拉克本应该推出一个独立新品牌，并为之设立独立的经销商体系。

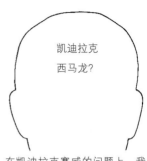

凯迪拉克
西马龙？

在凯迪拉克赛威的问题上，我们想错了。赛威至今没有退出市场，可能因为它并没有我们想象的那么小。不过，凯迪拉克进入小型车市场的又一次尝试——凯迪拉克西马龙（Cimarron），确实失败了。但是凯迪拉克公司没有气馁，而是卷土重来，推出卡特拉（Catera）——"灵活自如的凯迪拉克"。小型凯迪拉克汽车注定卖不好，因为这与潜在顾客心智中的认知相冲突：凯迪拉克是大型轿车。

雪佛兰是什么

无论是汽车还是其他产品，要想知道定位有没有问题，你都可以问自己一个简单的问题：这是什么？

举个例子，雪佛兰是什么？它是一个掉进满足所有人需求的陷阱的汽车。想要吸引所有人，结果吸引不到任何人。

那雪佛兰到底是什么？让我们来告诉你吧。它是一种既大又小、既便宜又昂贵的汽车。

好吧，那为什么它仍是第一品牌，而没有把

雪佛兰的确把领导地位输给了福特。在我们看来，就像文中所述，雪佛兰的问题在于想要满足所有人的需求。在过去20年里，雪佛兰不断推出新车型，其种类超过了福特。比如，雪佛兰现在有9个车型，而福特只有7个。不仅是车型数量的问题。福特在它的众多车型中更聚焦于金牛座（Taurus）车型。雪佛兰的重点车型是什么？谁知道呢。

领导地位输给福特呢？

我们的回答是："福特是什么？"福特面临同样的问题：福特也是一种既大又小、既便宜又昂贵的汽车。

福特还有另一个问题：福特不仅是一辆汽车，而且还是一家公司、一个人。

福特可能还好，但福特水星（Ford Mercury）和福特林肯（Ford Lincoln）就会面临真正的销售难题（这正是福特汽车公司在销售高价汽车方面总是举步维艰的原因之一）。

大众是什么

品牌延伸注定会以悲剧收场，一般会经历三幕。

第一幕：大成功和大突破。这通常是企业在潜在顾客心智中发现一个完全开放的空位后善加利用的结果。

大众汽车公司（Volkswagen）创立了小型车的定位，并且利用这一突破迅速出击。"想想小车"可能是有史以来最著名的广告，它非常明确地阐述了大众汽车的定位。

大众甲壳虫汽车很快在汽车市场上建立了一个格外强大的定位。就像大多数经典的成功故事一样，大众不单单是一个产品的品牌名。

"我开的是大众。"这句话不仅表明车主的汽车是由大众生产的，而且表明了车主的生活方式：这是一位严谨、务实，对于个人的社会地位充满自信的人，他选择的是一种简单而实用的交通工具。

大众车主是反对虚荣的人。他们总是会给那些喜欢在邻居面前炫耀的车主泼冷水。"1970 年版的大众车还会继续那么丑。"这句话完美诠释了大众车主的生活态度。

第二幕：贪婪的欲望和不断成功的幻想。大众把自己的可靠性能和高品质延伸到更大、更贵的轿车，以及巴士和吉普车。

大众大型车的终极产品是冲击者（Dasher）。它的上市广告宣传是："带着自豪，大众进入豪华汽车领域。""冲击者，优雅的大众车。"

优雅的大众车？广告上说："内饰豪华，设施齐全。"这还是大众吗？大众不是倡导严谨、务实、实用吗？冲击者粉碎了大众所代表的生活方式。

"我相信大众，大众却不自信"，这是大众忠实用户的悲叹。

可是，谁也阻止不了大众。"不同的大众，给不同的民众"（Different Volks for different folks）。这则广告是对大众公司态度的最好总结。如今，大众旗下有五种不同的车型，共用公司同一标志。

大众汽车崛起、没落、再崛起的经历，是最能够说明认知威力的案例之一。大众是第一个在心智中占据小型车定位的品牌。后来，大众开发大型车，销量却骤减。再后来，大众又回到小型车，销量猛增。这里的教训是：不要试图改变人们的心智。

"不同的大众，给不同的民众。"这是一则可笑的汽车广告标题，也是一个糟糕的汽车公司战略。仅看数字就够吓人的了。1965年，大众只生产一种车型——甲壳虫，占据美国进口汽车市场67%的份额。后来，大众进行品牌延伸。到1993年，其市场份额已不足3%。当然，大众最近又重新推出甲壳虫，销量随即攀升。有一个问题，没有得到回答：假如大众多年来一直聚焦于甲壳虫，并不断改进，情况会怎样？

第三幕：大结局。有没有可能五种车型的总销量还不如一种呢？不仅可能，而且真的发生了。

大众汽车从进口汽车第一品牌滑落到第四，位于丰田、达特桑（Datsun）和本田之后[本田的宣传主题是"保持简单"（Keep it simple），好像照搬自第一幕，简直就是在大众伤口上撒盐]。

1971年，大众占据美国进口汽车市场份额的35%。1979年，这一份额跌至12%。

品牌早期成功，之后进行品牌延伸，再之后梦想幻灭，这一发展模式相当普遍。毕竟，可以预计，像适高和大众这样的公司不会满足于已有的成功，而是会寻找并征服新领域。那么，如何进军新领域呢？显而易见的方法是：开发一个新概念或新产品，为它找到一个新定位，并配以一个新名字。

沃尔沃是什么

很多公司采取的是另一种品牌延伸形式。延伸的不是产品线，而是产品背后的概念。

以沃尔沃（Volvo）为例。沃尔沃是什么？

和很多汽车品牌一样，沃尔沃最近也陷入了困境。过去，它在大型进口汽车上拥有"可靠"的定位（也可以理解为沃尔沃是一种可靠的大型甲壳虫汽车）。

　　沃尔沃的车变得更贵了，开始销售豪华轿车、驾驶性能好的轿车、安全的轿车，甚至还有旅行轿车。沃尔沃变成了"有闲阶级的日用轿车"。

　　那么，如今沃尔沃是什么？它是一种可靠的、豪华的、安全的，以及充满驾驶乐趣的轿车。但是，多多益善并不适用于定位。四个定位远远不如一个定位。

　　因此，沃尔沃销量一路下滑，深受概念性品牌延伸之害。

自从放弃追求豪华、驾驶性能和可靠性，而决定聚焦安全以来，沃尔沃突飞猛进。目前，沃尔沃在全球的销量达 40 万辆，并且在汽车消费者心智中拥有"安全"的定位（不幸的是，沃尔沃现在又搞错方向了，开始生产敞篷车和双门轿跑）。宝马正是采用完全相同的战略，建立了"驾驶"的定位（"终极驾驶机器"）。

品牌名好比橡皮筋

　　品牌名好比橡皮筋，可以拉伸，但有临界点。此外，品牌名延伸得越长，就越脆弱（与你的期望恰恰相反）。

　　品牌名延伸的幅度有多大？这既是一个经济学决策，也是一个判断性决策。

　　假如你有一条生产蔬菜罐头的产品线，你会给豌豆、玉米和豆角等各种产品分别取不同的品牌名吗？很可能不会，因为这不符合经济学原则。

　　因此，地门（Del Monte）生产的水果和蔬菜罐头都共用一个品牌名，这样做很可能是对的。但是请注意，如果出现只瞄准一种产品的竞争对手，会发生什么情况，比如都乐（Dole）菠萝罐头。

在菠萝罐头领域，地门根本不是都乐的对手，后者每次都占上风。

那么，都乐接下来做了什么？它把都乐这个品牌名用在了新鲜香蕉上，即都乐香蕉。

假如都乐这个品牌名成了香蕉的代名词，那么菠萝罐头会怎样？跷跷板法则就会发生作用，香蕉在这头，菠萝罐头在那头，一上一下。

但是，难道都乐不能效仿地门，成为罐装及新鲜食品的全线供应商吗？

当然能，但必定是以牺牲菠萝罐头上的宝贵优势为代价。另外，还有一项不利因素：都乐是最晚进行品牌延伸的，时机上处于劣势。

品牌延伸的原则

我们称品牌延伸为"陷阱"，而非"错误"。在某些条件下，品牌延伸是可行的。

但是这些条件非常苛刻：如果你的竞争对手很蠢；如果你的产品销量很小；如果你没有竞争对手；如果你不期望在潜在顾客心智中建立定位；如果你不做任何形式的广告。

实际上，市场上卖出去的产品很多，有定位的却少之又少。

也就是说，顾客是在没有事先对某个豌豆品牌有偏好或者定位的情况下，选择了一罐豌豆。在这种情况下，任何一个知名品牌都会比一个不知名的品牌卖得好。

另外，如果你所在的公司生产成千上万种销量不大的产品（3M 公司就是一个典型例子），显然不可能给每一种产品起一个新名字。

因此，我们给出一些原则，用来指导何时应该使用公司名作为品牌名，何时不应该。

（1）预期销量：销售潜力大的产品不应该使用公司名，销量小的产品应该用。

（2）竞争格局：无竞争的市场不应该使用公司名，竞争激烈的市场应该用。

（3）广告资源：有大广告预算支持的品牌不应该使用公司名，预算小的应该用。

（4）产品凸显性：突破型创新产品不应该使用公司名，货品化产品应该使用（如化学品）。

（5）分销渠道：在货架上销售的产品不应该使用公司名，由销售代表推销的产品应该使用。

我们经常遇到的一种情况是：当我们演讲中讲到品牌延伸的风险时，台下没一个人记笔记。然后，等到我们宣布接下来要告诉大家，公司什么时候进行品牌延伸能够成功时，所有人都拿出笔来记。品牌延伸是公司和管理层想做的事情。我们能够理解这种心态，因为这正是定位思维的基础：心智一旦形成认知，难以改变。对于那些认定品牌延伸才是正路的人，很难改变他们的认知。

POSITIONING

第 14 章

14

企业定位：孟山都

我们可以为任何事物定位：一个人、一种产品、一名政治家，甚至一家企业。

为什么要为企业定位呢？除了少数专门从事并购的大公司外，谁会购买企业？企业又为什么要推销自己？推销给谁？

买卖企业

事实上，企业的买进或者卖出每天都在不断上演，只是说法不同而已。

当新员工接受一份工作，就等于"买下"了雇主企业（企业举办招聘活动，其实就是在推销自己）。

你更愿意去哪里上班，通用电气还是斯克内克塔迪电器制造公司（Schenectady Electrical Works）？

美国大大小小的企业每年都在争夺顶尖名校的优秀毕业生。你觉得谁能够赢得那些精英分子的青睐？

没错，是在潜在雇员心智中占据最佳定位的企业，诸如通用电气、宝洁之类的。

人们购买股票其实就是在为企业现在和未来的定位买单。

至于愿意出多少价（6 倍还是 60 倍的市盈率），则取决于企业在股民心智中的定位有多强。

如果你恰好是某家企业的高管，你若能为企业精准定位，就能为企业带来诸多优势。然而，为企业定位绝非易事。

再谈名字

名字是为企业定位时首先需要考虑的问题，而且至关重要。

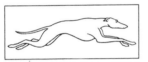

灰狗花费数百万美元，想要告诉投资人"灰狗不仅仅是一家客运公司"。灰狗如今是什么呢？还是一家客运公司。就是这样，顾客心智难以改变，花再多钱也无济于事。

你相信吗？如今，普尔曼（Pullman）汽车公司⊖在铁路车辆制造业已无足轻重。而灰狗（Greyhound）公司⊜的客运收入在总营业额中的占比也今非昔比。

虽然普尔曼和灰狗这两家公司都发生了很大的变化，但是人们头脑中的看法几乎没变。名字将公司定格在了过去的声誉上。

两家公司都曾试图改变，尤其是灰狗，不惜花费数百万美元向金融界宣称自己"不仅仅是一家客运公司"。

但是，只要那些两侧带有瘦长型灰狗标志的客车还在州际高速公路上来回穿梭，该公司的广告宣传就是一个代价昂贵的错误。如果灰狗不只想成为一家客运公司，就必须起一个新名字，一个"不仅仅是一家客运公司"的名字。

即使有了合适的名字，企业的定位工作仍未完成。公司名字还应该在行业内占据一个概念。

占据一个概念

我们来看一下福特。众所周知，福特是一家汽车制造企业。但是，哪一种类型的车是福特汽

⊖ 1867 年成立，美国铁路客运列车的领先制造商。——译者注
⊜ 1914 年成立，北美最大的长途汽车客运公司之一。——译者注

车呢？

福特无法凭借某一类具体车型建立公司定位，因为它生产各式各样、大大小小的汽车，包括卡车（这种做法是否恰当，又另当别论）。

于是，福特的定位问题就归结为找出所有车型的共性。

最终，企业把"创新"确定为所有福特汽车的关键特性，并由此展开了"福特更具创意"的宣传活动。

相对而言，福特做得还算不错。许多其他公司采取的宣传策略既乏味又老套。其中最常见的当属"以人作为出发点"的那些陈词滥调：

员工是我们最宝贵的资源。

墨西哥湾石油公司（Gulf Oil Corporation）的员工：迎接挑战。

格鲁曼公司 (Grumman)：我们为自己生产的许多产品感到自豪，更为生产这些产品的员工感到骄傲。

难道不同公司的员工在素质上就真的没有差异吗？

当然有。但是，以更优秀的员工为基础建立定位，则完全是另外一回事儿。

姑且不论对错，公司规模越大、越成功，拥有的员工就越优秀；反之，公司规模越小、越不

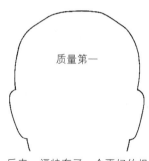

质量第一

后来，福特有了一个更好的想法，转而宣传"质量第一"，并延续至今。现在，谁在汽车业拥有"质量好"的定位？我们猜是奔驰。试图抢占他人定位的做法往往徒劳无益。

通用汽车推出了一系列公司宣传活动，然而，即使是最著名的那则广告："通用汽车——卓越的标志"，也没能为公司带来什么好处。如果公司旗下的品牌 [如土星、雪佛兰、庞蒂亚克（Pontiac）、奥兹莫比尔（Oldsmobile）、别克和凯迪拉克] 体现不出公司名，那么任何对公司品牌的宣传活动通常都等于白费。

成功，就只能招到挑剩下的员工。

如果以上结论成立的话，那么，只要企业在潜在顾客心智中的产品阶梯上占据第一位，就可以肯定，潜在顾客同样会认为该企业拥有的员工也最优秀。

而如果企业并非首屈一指，却告诉潜在顾客自己的员工更出色，这种自相矛盾的说法往往对企业不利。

人们经常会反复提到的一个问题是："如果你真那么聪明，怎么还没发财？"

如果福特确实拥有更好的创意，为什么不用这些创意在市场上赶超通用汽车，而是想通过广告来打动消费者呢？

如果克莱斯勒确实拥有更先进的工程技术，为什么不用于研发更好的汽车，然后在销量上打败福特和通用汽车呢？

这些问题与事实真相无关（福特可能的确更具创意，却仍然落后于通用），但是潜在顾客心智中会有上述困惑。

企业打出的广告要想获得成功，就必须回答这些问题。

此外，"公司规模越大，员工就越优秀"这种说法难道就真的牵强吗？

一方面，我们同情那些落后企业；另一方面，我们会把简历投给领先企业。

多元化并非解决之道

除了"人"，另一个最常见的企业定位的主题就是"多元化"。企业都想让人知道自己是一家品类齐全、品质一流的多元化生产商。

然而，多元化也并非是一个有效的企业定位。定位和多元化这两个概念其实南辕北辙、截然相反。

事实上，能够在潜在顾客心智中建立强大定位的是企业的代表性成就，而非宽泛的产品线。

通用电气以全球最大的电气制造商闻名，而不是一家生产工业、运输和化工产品以及家用电器的多元化企业。

尽管通用电气生产成千上万种消费品和工业用品，但其中成功的大多数是电气类产品，不成功的大多数是非电气类产品。电脑就是失败的典型例子。

通用汽车以全球最大的汽车制造商闻名，而不是一家生产工业和运输产品以及家用电器的多元化企业。

IBM 以全球最大的电脑制造商闻名，而不是生产各种办公设备的国际化企业。

企业或许可以通过多元化发展赚更多钱。但是，如果想要以多元化建立定位，则须三思而后行。

这里，我们讨论的是将"多元化"作为广告宣传的主题。然而，对企业而言，多元化在业务上也行不通。国际电话电报公司就是一个典型的例子，在挣扎了一段时间之后，最终拆分成三家独立的公司。《聚焦：决定你企业的未来》一书中对这一概念进行了更详尽的探讨。

就连股票市场也一向不看好联合大企业，如国际电话电报公司、Gulf+ Western 联合公司等。我们来看一个典型的例子——Kaiser 实业。这是一家拥有众多营运子公司的控股母公司，然而其市值一直低于其所有子公司的总价值。Kaiser 实业分拆后，股东获得的每股收益为 21 美元，而每股股价只有 12 美元。

有时，企业认为自己在传播上已经足够聚焦，其实不然。定位概念一旦过于宽泛，便毫无意义。

哪家公司在自称"工作、教育和娱乐信息系统的集合开发商与供应商"呢？

你相信是贝灵巧（Bell & Howell）吗？没错，就是它。

孟山都的定位

给企业下一个清晰、准确的定义是为企业定位的良好开端。但是，最佳的企业定位方案不仅仅是下一个定义，也就是说，不应只停留在字面上，而应付诸行动。又或者说，有时文字本身就意味着行动。

下面，我们以孟山都最近的企业定位为例展开讨论。

定位目标：使孟山都成为行业领导者和代言人（暂且不论是哪个行业）。

那么，如何才能成为领导者呢？

历史表明，一家企业之所以成为领导者，是因为它率先做了某些事情，而不是靠自封为领导者。

IBM 第一个推出电脑，施乐第一个推出普通纸复印机，杜邦第一个推出尼龙。孟山都能够成为哪方面的第一呢？

像孟山都这样的企业有机会在以下三个领域建立领导地位。我们来依次看一下每种可能性。

1. 产品领先

在产品领先方面，孟山都在行业内排第几呢？

根据最近一项针对年收入在 1.5 万美元及以上的大学毕业生进行的调研发现，孟山都虽然比不上通用汽车在汽车制造业的领导地位，但也不至于像美国汽车那么差，而是介于两者之间。

杜邦	81%
陶氏	66%
孟山都	63%
联合碳化物公司	57%
联合化学公司	34%
美国氰胺公司	29%
奥林	25%
富美实	13%

[请注意，以首字母缩写命名的富美实 (FMC) 排在末位。这种情况绝非罕见。]

事实上，孟山都、陶氏（Dow）和联合碳化物这三家公司几乎不相上下，并列第二，从统计学上来讲差别不大。

第一名是谁？当然是杜邦。

杜邦堪称化工行业里的 IBM、施乐或者芝华士。

凭借特富龙（Teflon）、尼龙和涤纶等产品的成就，杜邦的地位坚不可摧。

如果想通过与杜邦正面交锋来建立产品领导地位，几乎毫无胜算。

更何况，很多公司的宣传也都在强调产品领先，包括联合碳化物、奥林、富美实等。

2. 商界领先

现在，我们来看下第二条可能的路径——商界领先，这在当下主要意味着捍卫自由企业制度。

孟山都有可能成为自由企业制度的第一个倡导者吗？

显然不能。早在 1976 年，广告理事会（The Advertising Council）与美国商务部及劳工部就联合发起过一次大规模的传播活动，主题为"美国经济体系及企业角色解析"。

就连查尔斯·舒尔茨（Charles Schulz）[一]也受邀以"花生漫画"来为这些传播文章配图。可见，这的确是一场大规模的传播运动。

自 40 多年前的沃纳 – 斯沃西运动（Warner & Swasey campaign）开始，许多公司也一直都致力于推动自由企业制度。

德事隆公司（Textron）[二]就曾为此制作过一个专题电视节目，用以解释"德事隆的私营企业运作模式"。

德事隆的主席威廉·米勒（G. William Miller），也就是后来的财政部部长，曾说过："如今，随着人们对私营企业逐渐失去信心，商界有义务明确自由企业制度对社会的贡献。"

联合化学公司也发起过一次以"盈利是为了人民"为主题的平面媒体宣传活动。

面对自由企业宣传活动的这股旋风，《纽约时报》给予了负面评价："不知所云的经济类广告"。

定位的一个基本原则是：避开人人都在谈论的内容，即避免赶潮流。若想取得领先，企业必须靠自己去开创新领域。

3. 行业领先

还剩下最后一条路径——行业领先。孟山都有可能提升其在化工行业的领先地位吗？

在孟山都考虑为企业做宣传之初，有一点非常明确，那就是化工产品

[一] 美国著名漫画家，创作过史努比等经典漫画形象。——译者注
[二] 成立于 1923 年，早期并购大量企业，并以子公司的方式运作。——译者注

正饱受非议。公众每天都在接收来自报纸、杂志、广播和电视上有关化工产品的负面新闻。

这些新闻强烈而清晰地传递着一种观点："化工产品致癌。"

一时之间，美国上下蔓延着一种对化工产品的非理性抵触情绪。全国广播公司（NBC）晚间新闻的一段评论（1976年9月4日）很具代表性："人们几乎一致认为，如今发生重大化学事故的概率远远大于核事故。"

问题很严重。用一家颇有声望的舆论调查机构——扬克洛维奇–斯凯利–怀特公司（Yankelovich, Skelly and White）的话来说："化工行业被认为是造成人类各种健康问题的罪魁祸首。"

生命的化学真相

孟山都决定为化工产品辩护，告诉公众化工产品的益处与风险。

"离开化学物质，生命本身无法存在"是孟山都宣传计划的主题。第一则广告的内容如下：

有人认为凡是"化学的"都是有害的，凡是"天然的"都是好的。然而，自然本身就是化学过程。

植物通过一种叫作光合作用的化学过程产生

这是孟山都公司关于"生命的化学真相"主题宣传活动的第一则广告。

我们所需要的氧气。人们呼吸时，身体通过血液中的一种化学反应吸收这些氧气。

生命就是化学过程。像孟山都这样的公司，就是用化学品帮助人们提高生活质量。

化学品能够延长寿命。佝偻病曾经是一种常见的儿童疾病，直到牛奶等食物中添加了一种叫维生素D的化学品，该病的发病率才明显降低。

然而，无论何时、何地，没有一种化学品是绝对安全的，不管是天然的化学品也好，还是人工合成的也罢。真正的挑战在于如何正确使用化学品，从而创造更有意义的生活。

为什么是孟山都？这其实是一个行业问题，孟山都为什么要为之辩护呢？

答案要回到定位战略上。要想成为化工行业公认的领头羊，孟山都必须去做一个领导者应该做的事情，也就是为全行业说话。

如果等别人先做，孟山都就会失去建立领导地位的大好时机。

孟山都定位成功

在生活中，时机往往决定一切。就1976年的化工行业形势而言，经分析可知，当时的社会偏见已有所好转。其实无论孟山都出头与否，未来的舆论导向都可能比当时更有利于化工企业。

当然，一项关于"生命的化学真相"的宣传活动可能会加速这一转变，而孟山都自然也功不可没。

事实果然如此，情况确有好转。据一项调查显示，在短短两年内，公众对化工行业的支持率从36%上升到42%，增长显著（与此同时，公众对石油行业的支持率则从37%下降为22%。可见，行业内缺乏合理解释的涨价是行不通的）。

就连《纽约时报》也开始改变态度。有一篇
题为"有用的致癌物"的关于糖精的社论是这样
评价的："绝对禁止某样东西的问题在于，没有留
出空间来权衡利弊。"

对于孟山都之举的最高褒奖来自 1979 年《商
业周刊》发表的一篇文章，题目叫作"净化了化
工产品的形象"。

文中提道："1977 年，在孟山都的带领下，
化工行业登上了形象塑造的舞台。该公司的董事
长约翰·汉利（John W. Hanley）看到化学品每次
都被当成祸端，觉得是时候做些什么了。那年，
孟山都在形象塑造方面花费了 450 万美元，并且
此后每年投入的费用都不低于这个数字。"

《商业周刊》也注意到了孟山都的领头作用，
它在一篇文章中写道："在孟山都的带头下，杜邦
公司随后投入 400 万美元用于公司形象宣传。"

为企业定位时，若能建立领导地位的认知，
是非常有效的。无论是化工企业、银行还是汽车
制造商，只要以此打动顾客，就会比竞争对手做
得更好。

孟山都的第二则宣传广告列举
了一个普通橘子所富含的数百
种化学成分。

后来，孟山都的业务重心从化
工产品转向了基因工程产品。
事实证明，孟山都还是应该聚
焦于化工行业。

POSITIONING

第 15 章

15

国家定位：比利时

随着机票越来越便宜，世界很快成了旅行者的天下。

以往，只有那些年纪大的、相对富有的人才有机会出国旅游。如今，一切都变了。过去，空乘年轻，乘客年老。现在，乘客年轻，空乘年老。

比利时航空公司的处境

北大西洋地区有 16 家可以飞国际航线的大型航空公司，比利时航空公司（Sabena Belgian World Airlines）就是其中之一。

但是，并非所有的竞争者都站在同一条起跑线上。比如，环球（TWA）和泛美（Pan Am）这两家航空公司曾一度在美国和欧洲拥有众多起降的门户城市。

然而，几年前，比利时航空公司在美国就只有一个门户城市——纽约。如果乘客不预备在布鲁塞尔转机，就不能选择比利时航空公司。因为除非有人劫机，否则比利时航空公司的每一架飞机都只会在比利时降落。

尽管比利时航空公司拥有比利时航线上的最大市场份额，但是从总量上来说，根本微不足道。比利时是个小国，没有太多人去。

下面是北大西洋地区的旅客最近一年飞往的前 16 个国家及其所占百分比。

在过去的 20 年里，这些统计数据基本没变。人们去的最多的欧洲五大目的国仍是英国、德国、法国、荷兰和意大利。唯一改变的是，荷兰超过意大利，上升到了第四位。

英国	29%
德国	15%
法国	10%
意大利	9%
荷兰	6%
西班牙	5%
爱尔兰	5%
葡萄牙	4%
瑞士	3%
冰岛	3%
以色列	3%
丹麦	3%
希腊	2%
比利时	2%
挪威	1%
瑞典	1%

在潜在旅客心智中的国家阶梯上，比利时如果还能排上号的话，也只能是倒数了。

只要看一眼上面这些数字，就会发现比利时航空公司广告的问题所在。它采取的仍然是航空公司的传统战略：推销餐食和服务。

它有一则代表性的广告是这么说的："必须懂得享受生活的人才能乘坐比利时航空的航班吗？"但是，即便航空公司汇集了全球的美食，也无法吸引旅客搭乘它的航班，去一个自己不想去的地方。

为国家定位，而不是航空公司

显然，比利时航空公司最有效的战略不是为自己定位，而是为国家定位。换句话说，就像荷兰皇家航空公司（KLM）为阿姆斯特丹定位那样。

比利时航空公司必须使比利时成为一个能够吸引旅客逗留一阵的地方，

而不仅仅只是一个中转站。

此外，无论你推销的是可乐、企业还是国家，一个显而易见的道理是：若没有进入心智，就没有业务。

大部分美国人对比利时知之甚少，他们以为滑铁卢在巴黎郊区。比利时最出名的是华夫饼。许多人甚至不知道比利时在哪里。

电影《如果是星期二，一定是在比利时》[⊖]最能形象地说明美国人对比利时的了解之少。

可是，如何为一个国家寻找定位呢？仔细想想就会发现，人们头脑中对那些旅游业做得成功的国家都有突出印象。

说起"英国"，人们会想到皇家庆典、大本钟和伦敦塔。

说起"意大利"，人们会想到古罗马竞技场、圣彼得大教堂和无数艺术珍品。

说起"阿姆斯特丹"，人们会想到郁金香、伦勃朗[⊜]和美丽的运河。

说起"法国"，人们会想到法式大餐、埃菲尔铁塔和风光旖旎的蔚蓝海岸。

人们的心智把每个地方都转化成了一张明信片。以城市为例，在人们心智中，纽约很可能是

拿破仑是在比利时遭遇了滑铁卢战役的失败，可是不为人知。当我们参观这个国家时，比利时航空公司的广告经理甚至拒绝带我们去滑铁卢，他说："没有人会对战争感兴趣。"比利时人也许不会，但美国人会。葛底斯堡[⊜]是美国最受欢迎的旅游景点之一，每年有600万人前去参观。

　⊖　1969 年由梅尔·斯图尔特（Mel Stuart）执导的一部浪漫喜剧电影，主要讲述了一群美国游客到欧洲后发生的幽默故事。——译者注
　⊜　17 世纪荷兰著名的巴洛克风格画家。——译者注
　⊜　1863 年的葛底斯堡战役是美国内战史上一个重要的转折点。——译者注

摩天大楼，旧金山是缆车和金门大桥，克利夫兰则是烟囱林立的灰色工业城。

毋庸置疑，对于首次去欧洲的游客来说，伦敦、巴黎和罗马是其心智阶梯上排名前三的首选城市，而想要争取到这些游客，比利时航空公司几乎毫无胜算。

然而，美国也有大批经验丰富的旅行达人想要去一些没那么热门的旅游景点，比如希腊的遗迹、瑞士的高山等。

一旦目标明确，寻找定位就没那么难了。

美丽的比利时

伯爵城堡是比利时最为壮观的
旅游景点之一。

比利时是一个非常美丽的国家，拥有众多吸引欧洲资深游客的景点，诸如有趣的城市、古老的宫殿以及各种博物馆和美术馆。

说来奇怪，比利时人不太认同自己的国家是一个旅游胜地。布鲁塞尔机场曾有一块标牌，或许就是这一态度的缩影，上面这样写道："欢迎来到比利时，这里气候温和，但每年平均有 220 天都在下雨。"

于是，为了吸引旅客，比利时惯用的战略就是宣传比利时处于欧洲中心地带，便于去伦敦、巴黎和罗马等其他城市（这就相当于，如果你想去纽约，可以先飞到费城，因为两者距离很近）。

一个几乎从未考虑过的问题，就是如何把比利时变成旅游胜地。只要在布鲁塞尔市中心溜达一圈，就足以发现这一点。走进金碧辉煌的大广场（The Grand Place）——或许是全欧洲最美的广场，就会发现整个广场中央竟然成了停车场（后来，车辆终于严禁驶入了）。

大广场至今仍是全欧洲最美的广场。

这里，我们明白了一个重要的道理：常住居民和旅客的认知往往大相径庭。

很多纽约人也不觉得纽约是一个旅游城市。他们只记得清洁工人大罢工，却忘记了自由女神像的存在。然而，纽约每年吸引着 1600 万游客前来瞻仰那些"摩天大楼"。

三星城市

"美丽"这个概念虽好，但的确不足以作为旅游宣传的主题。要想把一个国家定位为旅行目的地，需要一些能够吸引游客至少逗留数日的景点。

没人会专程去摩纳哥旅行，因为那里的头号景点——蒙特卡罗只要一个晚上就游览完了（而第二个值得看的——格蕾丝王妃，根本无缘相见）。

可见，面积是一个重要的因素。国家大，景点就多；国家小，就处于劣势（假如让美国科罗拉多大峡谷横贯比利时，就没剩下多少地方可游览了）。

在过去的 20 年里，几乎没什么大的改变。图尔奈掉了一颗星。《米其林指南》比荷卢合版则一分为二：一本介绍比利时和卢森堡，另一本专门介绍荷兰。荷兰仍然只有一个三星城市。目前，比利时以 4 : 1 领先荷兰。在做定位时，如果能由一个客观的第三方提供信任状支持，营销效果就会好很多。

解决面积问题的答案来自著名的《米其林指南》(*Michelin Guides*)。你也许不知道，除了餐厅，米其林还给城市评级。

《米其林指南》比荷卢⊖合版评出了六个"值得专程旅游"的三星城市，其中五个就在比利时：布鲁日、根特、安特卫普、布鲁塞尔和图尔奈。

可是，真正出人意料的是，比利时北面的旅游大国荷兰只有一个三星城市——阿姆斯特丹。

如此一来，广告标题就有了："在美丽的比利时，有五个阿姆斯特丹"。下面配以五张比利时三星城市组图，四色印刷，十分漂亮。

这则广告吸引了大量的旅游咨询。过去，对于许多游客而言，比利时就是他们从阿姆斯特丹乘火车到巴黎时，沿途经过，透过车窗看到的一个地方。

就连荷兰的旅游局局长也通过电话咨询了比利时的旅游局局长。

不用说，这个荷兰人怒不可遏，恨不得把广告禁播，把制作人也宰了。

这个"三星城市"的战略能够发挥作用得益于以下三个方面的支持：

首先，该战略把比利时和一个已经进入游客心智的旅行目的地——阿姆斯特丹联系在了一起。

⊖ Benelux(比荷卢)，是比利时、荷兰、卢森堡三个国家的合称。——译者注对于任何一个定位项目而言，如果能首先从一个根深蒂固的认知切入，那么建立定位就会事半功倍。

其次，《米奇林指南》也早已深入游客心智，为上述概念增加了可信度。

最后，"值得一游的五大城市"使比利时成为一个真正热门的旅游胜地。

最终的结果是，"美丽的比利时的三星城市"这一概念被搬上了荧屏，反响强烈。

相较于平面广告，电视广告具有传播声音和图像的功能，能更快把一个国家的形象植入心智。

当然，电视媒体同样存在滥用的风险。之所以发生这种情况，往往是因为互相竞争的多个国家使用了相似的画面。

回想一下你看到过的那些加勒比海岛屿的广告。你能够区分那些棕榈树和沙滩吗？当别人提起拿骚、维京群岛或巴巴多斯时，你的脑海中会浮现出相同的明信片吗？

如果毫无差异，心智只会把所有画面简单归类为"加勒比海诸岛"，然后抛之脑后。

那些古老的欧洲小镇也面临同样的问题。它们都在人们心智中呈现一个画面：村民们面露笑容，摇晃着啤酒杯向游客打招呼。一架风车能抵得上千幅街景，无论后者的拍摄技术多么高超。

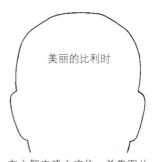

美丽的比利时

在心智中建立定位，单靠图片办不到，只能靠文字。为建立一个有效的定位，必须"把图像转化成语言"。在这一过程当中，押头韵也能够有效帮助记忆。

后记

也许你会问："为什么都没怎么看到过有关比利时及其三星城市的宣传呢？"

后来发生了一些事情，导致该定位未能全面执行。由此得出的教训，值得每一位从事定位的人引以为鉴。

首先，在制定电视广告传播方案的时候，比利时航空公司的内部组织架构发生了变化。新管理层没有全力执行该方案，当设在布鲁塞尔的总部要求恢复"比利时作为欧洲门户"的战略时，他们很快就让步了。

这里的教训是：一个成功的定位项目需要负责人长期全力执行，无论此人是企业、教会还是航空公司的领导人。争夺游客心智，就如同发动一场战争，全军上下必须目标一致。

另一个问题来自比利时旅游局。出于政治层面的考虑，他们始终无法理解为何其他非三星城市不能纳入到传播方案中。

在这个传播过度的社会中，成功的唯一希望在于简化信息。加入其他城市，只会增加混淆，把事情搞复杂。

需要牢记的教训是：定位需要极度简化信息。对于这一点只能接受，别无选择。混淆是大敌，简单是制胜法宝。

如今，乘坐比利时航空或者专程去比利时的人并不多，除非是为欧共体工作。不过，真是太可惜了。"美丽的比利时"原本可以成为一个非常有效的旅游定位项目，但仍需要数十年坚持不懈的传播才会发生作用。如果说我们从过去的20年里学到了什么的话，那就是坚持的力量。

POSITIONING

第 16 章

16

产品定位：奶球

奶球是一种在焦糖外面裹着巧克力的盒装糖果。

比阿特丽斯食品（Beatrice Foods）公司有一种产品，叫作奶球（Milk Duds）。这是一种以黄棕色小盒子包装的糖果，有个外号叫"电影糖果"，因为适合在看电影时吃。但是，该公司想进一步拓展业务，把奶球推销给爱吃糖的小朋友。

定位第一步

了解潜在顾客的心智是任何定位项目首先要做的事情。

那么，奶球的潜在顾客是谁呢？并非什么都不懂的小小孩（little kid）。调查显示，奶球最适合的潜在顾客是那些出入糖果店不下数百次、经验丰富的糖果消费者。

这类潜在顾客的平均年龄为 10 岁。这个年纪的孩子属于谨慎、多疑而又精明的糖果买家，对性价比也十分看重。

大多数定位项目无非就是在找寻一些显而易见的东西。但是，如果太快把注意力放在产品身上，就容易视而不见 [就像埃德加·爱伦·坡（Edgar Allan Poe）在小说《失窃的信》里所写的那样，显而易见的东西往往不易被发觉，因为太简单了，又或者说太明显了，以至于人们根本看不到]。

说到糖果，潜在顾客的心智中会闪现哪些品

牌？不会是奶球，尽管 10 岁左右的孩子可能对这个品牌有些模糊的印象。

对于那个年龄的大多数孩子来说，想吃糖果的时候，脑海中立即就会冒出糖果棒的概念。品牌有好时（Hershey's）、雀巢、Mounds、Almond Joy、锐滋（Reese's）、士力架（Snickers）、Milky Way 等。在消费者的心智中，糖果棒已经成了糖果的代表。当然，这是以上品牌，也包括其他一些品牌，花费数百万美元广告费达成的效果。

10 岁的孩子成了奶球广告的目标人群。寻找有效定位的第一步通常是要界定出精准的顾客群。尽管像奶球这样的产品可能人人都会喜欢（事实上也的确如此），但要想通过广告吸引所有人通常行不通。把大人放一边，他们自己会去获取信息。

重新定位竞争对手

由于广告预算有限，为奶球从头开始建立品牌认知几乎不可能。要想使奶球进入小朋友的心智，唯一的办法就是重新定位糖果棒这个品类。

也就是说，借助竞争对手投入的数百万广告费，让奶球成为比糖果棒更好的替代品（心智中的品牌太多了，如果仅仅是多增加一个品牌，往往收效甚微）。

幸好，竞争对手有一个显而易见的弱点可以加以利用。观察下好时糖果棒当时的大小、形状和价格，就会发现这个弱点有多么明显。

糖果棒不耐吃。小孩子吃完一根售价 30 美分的好时糖果棒，仅需 2.3 秒。

美国的糖果消费者心中潜藏着一种强烈的不

满情绪。随着糖果棒越变越短，这种不满情绪也与日俱增。

"好不容易挣来的零花钱，买几根糖果棒就没了。"

"要么是我吃得更快了，要么是糖果棒比以前短了。"

"现在的糖果棒一眨眼就吃完了！"

竞争对手的软肋就在于此。

奶球与糖果棒不同，包装使用的是纸盒，而不是塑料纸。这样一来，小朋友就能吃到15粒散装的裹着巧克力的焦糖奶球，可以慢慢吃。

与糖果棒相比，一盒奶球能吃很久（如果你想把一整盒奶球全部塞进嘴里，就会把嘴巴粘住，张都张不开）。这就是奶球在电影院很受欢迎的原因。

那么，奶球的新定位是什么？

以上是奶球电视广告里的几个分镜头，针对"耐吃"的定位展开。可惜，该公司的董事长因为不喜欢大嘴的形象而终止了传播。奶球重回电影院。

耐吃的替代品

"耐吃，糖果棒的替代品"，这就是奶球的新定位。

答案如此显而易见，但对于为奶球做过广告的人来说，不是这样。

在过去的15年里，奶球的电视广告从未提及"耐吃"这一概念。

让我们在脑子里想象一下 30 秒电视广告的场景，看看"耐吃"这个定位概念是如何戏剧性地体现为小朋友的利益点的。广告旁白和画面如下：

（1）从前，有一个小孩，他有一张大嘴……（广告画面上，一个小孩站在一张大嘴旁边。）

（2）……爱吃糖果棒（小孩将糖果棒大把大把地扔进大嘴里）。

（3）……然而，那些糖很快就吃完了（小孩手里的糖没了，大嘴十分沮丧）。

（4）后来，小孩发现了奶球焦糖巧克力（小孩举起奶球，大嘴垂涎欲滴）。

（5）大嘴爱上了奶球，因为可以吃很久（小孩把一粒粒奶球放到大嘴的舌头上）。

（6）（随后，小孩与大嘴齐声唱起了广告主题歌）当糖果棒已成追忆，奶球还没吃完。

（7）给你的嘴巴来点奶球吧（小孩和大嘴都露出了大大的笑容）。

广告效果如何？

该电视广告不但扭转了奶球销量下滑的态势，而且在此后几个月内，创下了销量上的历史新高。

这个定位案例告诉我们的经验是：定位问题的解决之道通常要在潜在顾客的心智中寻找，而不是从产品本身寻找。

POSITIONING

第 17 章

17

服务定位：邮递电报

为产品定位（如奶球）与为服务定位 [如西联公司（Western Union）的邮递电报] 有何差别？

两者的差异并不大，尤其从战略角度而言。即便有差异，也多半来自技术层面。

邮递电报是西联公司与美国邮政局合作的一项服务。

视觉 vs. 语言

产品类广告，通常以画面为主导，突出视觉要素。服务类广告，通常以文字为主导，突出语言要素。（所以，如果你看到一则广告，上面有大幅的汽车画面，就可以认为该广告宣传的是汽车，而不是租车服务。）

对于奶球之类的产品进行宣传，首要媒体是电视，这是以画面为主的媒体。

而对于邮递电报（Mailgram ⊖）之类的服务进行宣传，首要媒体是电台，这是以语言为主的媒体。

当然，这些原则会有很多例外。如果人人都清楚产品长什么样，那么使用平面印刷媒体、电视或其他形式的视觉媒体就没有优势了。

相反，如果一项服务能够有效利用视觉符号

⊖ 英文单词 Mailgram 可拆分成两部分，其中 mail 意为 "邮递" gram 意为 "写下来的东西"。"电报" 的英文是 telegram，由 tele（电）和 gram（报）组合而成。可见，gram 本身没有 "电" 的意思。如果 Mailgram 由此译为 "邮递报"，容易有 "邮递的报纸" 的误解。为了便于理解，Mailgram 中文译为 "邮递电报"。——译者注

视觉画面对记忆极其有帮助，但除非结合文字概念，否则就会失去效力。谁能忘记赫兹广告中辛普森在机场航站楼之间奔跑的场景？可是，赫兹公司到底想要传递什么信息？谁知道！

（例如，赫兹租车公司请了O. J. 辛普森[⊖]），那么视觉媒体的运用往往能够富有成效。

尽管存在例外，但令人惊奇的是，关于视觉和语言传播的一般规律通常具有普适性。邮递电报做过一次全面媒体测试，结果显示，在报纸、杂志、广播和电视媒体中，广播最有效。然而，邮递电报这个案例的核心是战略而非媒体。在讨论战略之前，不妨先看一下邮递电报系统的运作原理。

电子邮件

邮递电报是美国最早的电子邮件，由西联公司和美国邮政局联合开发，并于1970年开始在有限范围内试运营。

若想发送邮递电报，可以给西联公司打个电话，信息就会通过电子设备传递到收报人附近的邮局。下一个工作日即可送达。

为了展示该系统的技术有多先进，我们可以追踪一封典型的邮递电报从纽约传送到美国西海岸的全过程。

（1）纽约的顾客拿起电话，接通了西联公司。

（2）西联公司其中一个24小时电话客服中心的一位接线员记下顾客的信息，然后将其输入

⊖ O. J. 辛普森（O. J. Simpson），美国著名的橄榄球运动员。——译者注

一台电脑终端。

（3）在确认顾客要传送的信息和接收地址后，接线员按下按钮，信息就会自动传输到位于弗吉尼亚州米德尔顿市的主机里。

（4）主机处理完信息，再将其转送到新泽西州格伦伍德市的一个地面接收站。

（5）信息从那里上传到太空中距离地球 35 900 多公里、绕赤道同步运行的 Westar 人造卫星上。

（6）然后，信息又从 Westar 人造卫星返回加利福尼亚州斯蒂尔谷的一个地面接收站。

（7）接着，信息再从地面接收站经由陆上通信线路（或无线微波）传到离接收地址最近的邮局，并通过一台高速电传打字机打印出来。

（8）最后，电报会被装进一个蓝白色的专用信封，由邮差递交加州收报人。

除了电话，顾客还可使用电传、电传打字电报机、磁带、电脑、传真设备或者通信打字机发送邮递电报。

为什么一再解释那些专业术语？为什么要讨论邮递电报系统的细枝末节？

这是为了说明非常重要的一点。大多数广告宣传不外乎介绍所提供产品或服务的细节。此外，服务的内容越有趣、流程越复杂，这种误区就越有可能发生。营销人员完全沉浸于服务本身，而忘了顾客能否接纳信息。事实上，按照传统广告

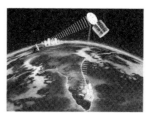

这就是在邮递电报系统中起到关键作用的 Westar 人造卫星。后来，我们强烈建议西联公司更名为 Westar 公司，但遭到拒绝。不久，公司破产了。改名字有用吗？我们认为是的。（当然，如今西联公司这个品牌依靠提供汇款服务得以延续，但已不复昔日荣光。）

的做法，邮递电报应该作为一种"新型的、自动化的电脑电子通信服务"进行推广，或者采用类似的说法。（单就电脑编程，西联公司就花费了数百万美元，更别提在地面接收站、卫星设备等方面的巨额开销了）。

低价电报

不管投入多少资源，也不管所提供的服务在技术上有多有趣，若想进入潜在顾客的心智，就必须与心智中的既有认知建立联系，而不能置之不理。

潜在顾客心智中到底有什么呢？当然是电报。

每当提起"西联"，一般人的头脑中马上会浮现史上最有名的那张黄色信纸。而邮递电报这个名字⊖只会加强这一认知。

那么，新的邮递电报和老的电报之间有什么差别呢？

主要差别在于价格。两者都采用相同格式，都要求即时发出。但是，黄色老电报的价格是蓝白色新邮递电报的三倍。

因此，最初为邮递电报设想的定位主题很简单，即"邮递电报：电报的效果，费用低很多。"

关于这一点，有人提出："等一等。邮递电报

对于潜在顾客心智中的既有认知，不能置之不理。说起"西联"，大多数人还是会想到"电报"。

⊖ 在英文中，邮递电报是 Mailgram，和电报（Telegram）的后半部分相同，容易引起联想。——译者注

为什么要针对电报定位呢？两者不都是西联公司的业务吗？干吗抢自家生意？况且，电报业务正在走下坡路。过时的电报怎么能和新型的现代化邮递电报相提并论呢？电报仍有一席之地，但不属于成长型业务。"

以上观点的逻辑无懈可击。但通常而言，逻辑未必是应对心智的上策。不过，既然逻辑上合情合理，不妨重新考虑下定位概念。更何况，当时我们还有另一个定位战略，这个战略自有其优点。

速递信件

实际上，"邮递电报"这个名字本身就暗含了第二条定位路径。邮递电报可以和美国邮政⊖相联系。

以下数据表明，西联公司若想通过邮递电报抢夺另一项邮递服务的业务，针对普通信件进行定位要好得多。

最近一年，有 580 亿封一类信件⊜投递到美国 6900 万个信箱里。这相当于每户人家每年收到 840 多封一类信件。

相比于信件的数量，电报的数量微乎其微。

在公开场合，我们说："电报仍然扮演着重要角色"。但在私底下，我们告诉西联公司的董事长，电报已是穷途末路。广告公司的人还得更圆滑，这是我们转行做战略顾问的原因之一。

⊖ 在英文中，邮递电报（Mailgram）和美国邮政（U.S.Mail）都有 "mail"，即 "信件" 的意思。——译者注

⊜ 美国邮政通常将邮寄物品分为四类：第一类包括明信片、信件、轻量包裹等；第二类指报刊杂志；第三类指广告传单；第四类指书籍和音像制品。对于一类信件或者说普通信件，一般需要 1 ~ 3 个工作日送达。——译者注

于是，第二个定位主题有了，即"邮递电报：传递重要信息的一种新型速递服务"。

哪个定位更好？尽管"低价电报"存在一些负面因素，但根据定位理论，"低价电报"的发展方向比"速递信件"更好。然而，由于邮递电报对西联公司的未来实在是太重要了，不能仅凭主观判断做决策。于是，两个定位的宣传活动齐头并进，共同进行市场测试，并由电脑数据追踪结果。

低价电报 vs. 速递信件

这是一场颇具规模的市场测试。类似皮奥里亚市⊖这样的小型市场根本不被考虑。邮递电报的六个测试城市分别是波士顿、芝加哥、休斯敦、洛杉矶、费城和旧金山，全都是大型的重要传播中心。

哪个策略赢了？事实上，两项宣传活动都很有效。以下数据显示了邮递电报经过为期 13 周的宣传，在测试城市销量上的平均涨幅：

宣传速递信件的城市	上升了 73%
宣传低价电报的城市	上升了 100%

单看这些数据，就足以证明"低价电报"的定位更胜一筹。但是，真正起决定作用的是对比项目开始前后，测试城市的消费者对产品认知度的变化。

下面的数字是关于在平面和广播广告投放前，有多少人能够正确描述出什么是邮递电报。

宣传速递信件的城市	27%
宣传低价电报的城市	23%

⊖ Peoria，美国伊利诺伊州的一个小城市，人口不足 15 万，面积约为 106 平方公里。——译者注

从统计学上来看，无显著差异。这说明两组宣传城市的情况基本相同。也就是说，市场上约有 1/4 的人对邮递电报已有所了解。

然而，在广告正式投放之后，两组城市之间出现了明显差异。以下是 13 周后，消费者对邮递电报的认知度调查结果。

宣传速递信件的城市	25%
宣传低价电报的城市	47%

尽管看上去难以置信，但在宣传速递信件的城市，对邮递电报的认知度其实是在下降，从 27% 降到了 25%。（这组数字，在统计学上无显著差异。）

那么，在这些城市中，增加的业务量从何而来呢？显然来自那些知道邮递电报是怎么回事，受到广告提醒而使用该项服务的人。

在宣传低价电报的城市，情况则完全不同。消费者对邮递电报的认知度提高了不止一倍，从 23% 上升到 47%。

这不仅是一个大的飞跃，而且从数据上来看，在宣传低价电报的城市，邮递电报业务量的增长可能有更长久的持续性。

关于电报，有一点需要说明：在邮递电报进行市场测试期间，西联公司还在广告推出前、中、后，对测试城市的电报业务进行了监测。结果发现，电报的业务量相当稳定。现在，公司意识到，

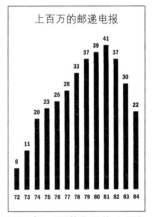

上百万的邮递电报

1981 年，西联公司终止了与我们的合作，改聘另一家广告公司。随即，"邮递电报：电报的效果，费用低很多"的战略遭到弃用。在接下来的三年里，邮递电报的业务量逐年大幅递减。当然，没有任何一项产品或服务能够经久不衰。很长时间之后，传真和电子邮件以其优势，最终淘汰了邮递电报。

宣传邮递电报是低价电报的广告，非但没有削弱电报的业务量，反而助其增长。

那么，在广告战略如何选择的问题解决之后，邮递电报的情况如何？大获成功，势不可挡。邮递电报成了西联公司最赚钱的服务项目之一。

邮递电报的营收逐年递增，8年内从年收入300万美元增长到8000万美元。

但有一样没变，那就是该项服务背后的定位概念。邮递电报的每一则广告，无论是平面、电视还是电台广告，都围绕着同一个核心概念，即"邮递电报：电报的效果，费用低很多。"

POSITIONING

第 18 章
18

为长岛银行定位

如今，情况发生了改变。花旗银行、大通银行、美国银行、富国银行、第一银行公司（Bank One）等都在努力发展成全国性的银行。商业历史告诉我们，这些银行当中最终只有两家会主导银行这个品类（二元法则）。

与西联公司一样，银行销售的是服务，不是产品。但是西联公司的邮递电报是一项全国性的服务，而银行只提供区域性的服务。按照美国法律，银行通常被限定在某一个州、某一个郡甚至某一个城市里提供服务。

实际上，为一家银行定位，很像为一家百货公司、一家电器商店或任何其他类型的零售企业定位。要想成功地为一家零售店定位，必须了解它的战场情况。

长岛银行业概况

要理解长岛信托公司（Long Island Trust Company）是如何为自己确立定位的，应该先了解长岛地区⊖银行业的竞争状况。

长岛信托公司曾经很多年一直是长岛银行业的领导者。它是当地最大的银行，分行最多，利润也最多。

然而，到了20世纪70年代，长岛银行业的竞争战场发生了剧变。一项新的法律允许银行在整个纽约州自由开设分行。

从此以后，纽约市的许多大银行，如花旗、大通曼哈顿和化学银行（Chemical Bank），在长岛站稳了脚跟。

⊖　长岛属于纽约州。——译者注

同时，大量的长岛居民每天去纽约市上班，于是把他们的部分金融业务交给这些大银行办理。

但是，大城市银行对长岛信托公司领地的入侵只是问题的一方面。真正重要的战场，在银行潜在顾客的心智之中。有一项小调查揭示出了很多坏消息。

绘制潜在顾客的心智地图

读到这里，你已经知道弄清楚潜在顾客心智中的已有认知的重要性。这里的认知不仅指关于你的产品或服务的认知，还包括关于竞争对手的产品或服务的认知。

通常，我们依靠直觉就能洞察顾客的心智。无须花很多钱做调查，我们就知道西联公司有很强的"电报"认知。我们也无须做很多调查才能决定奶球、比利时和孟山都公司的定位。

但是通常情况下，通过正规的定位调研绘制潜在顾客的心智地图，会极有帮助。这不仅有助于制定战略，也有助于向企业高层推销这个战略（一位在某企业工作了30年的首席执行官对该企业的看法，与一位潜在顾客对该企业的看法显然不会一致，因为这位顾客在同样30年里对该企业的接触可以用分钟甚至秒来测量）。

"绘制潜在顾客的心智地图"一般是利用一种

大多数市场调查过于关注顾客和潜在顾客对自己公司的态度。顾客对你公司及你的产品或服务的看法实际上并不重要。在顾客看来，你的公司与竞争对手相比怎么样，才是重要的事情。这就是我们一直大量运用语义差异调研的原因。

叫作"语义差异"的调研方法来完成的。我们在为长岛信托公司制定定位战略时，使用的就是这种方法。

在语义差异调研中，会给潜在顾客出示一组特性，要求他针对每一项特性给所有竞争品牌打分，一般是从 1 ~ 10 分。例如，价格可能是其中的一项特性。在汽车业，凯迪拉克的价格得分显然是在高分段，而雪佛兰显然是在低分段。

在银行业，顾客几乎不会对价格这个特性有认知，所以选择的是其他特性。其他特性包括：①分行很多；②服务项目齐全；③服务质量；④资本量大；⑤帮助长岛居民；⑥帮助长岛经济。前四项特性是与一家银行打交道的传统理由，后两项特性则是专门针对长岛信托公司的情况而提出的。

在传统理由方面，长岛信托公司的情况不乐观，四项特性里潜在顾客全都把它排在最后一位。

分行很多

化学银行	7.3
北美国家银行	6.7
欧洲美国银行	6.6
大通曼哈顿	6.4
花旗银行	6.1
长岛信托	5.4

服务项目齐全

化学银行	7.7
花旗银行	7.7
大通曼哈顿	7.6
北美国家银行	7.4
欧洲美国银行	7.3
长岛信托	7.0

服务质量

化学银行	7.2
花旗银行	7.0
北美国家银行	7.0
大通曼哈顿	6.9
欧洲美国银行	6.8
长岛信托	6.7

资本量大

化学银行	8.2
大通曼哈顿	8.2
花旗银行	8.1
北美国家银行	7.8
欧洲美国银行	7.7
长岛信托	7.1

然而，在与长岛有关的两项特性上，长岛信托的位置正好相反。

帮助长岛居民

长岛信托	7.5
北美国家银行	6.6
欧洲美国银行	5.2
化学银行	5.1
大通曼哈顿	4.7
花旗银行	4.5

帮助长岛经济

长岛信托	7.3
北美国家银行	6.7
欧洲美国银行	5.4
化学银行	5.4
花旗银行	5.3
大通曼哈顿	4.9

在与长岛相关的特性上，长岛信托公司排名升至第一。这一结果并不令人感到意外，因为可以想到长岛信托公司的名字发挥了作用。

Why send your money to the city, if you live on the Island?

Long Island Trust
This Island's largest bank.

这是长岛信托公司确立定位后打的第一则广告。我们在过去的 20 年里学到的经验是，像这样的营销活动需要更大力度的公关。我们当时应该鼓励该公司的董事长不仅要接受报界采访，而且应该上电视和电台接受采访。这场大卫与巨人歌利亚之间的搏斗绝对是一个非常吸引人的故事。

制定战略

长岛信托公司应该采取哪一种战略呢？传统的思路是，接纳自己的优势，用功着力去弥补自己的劣势，改善自己的短处。也就是说，长岛信托公司应该打广告告诉潜在顾客，自己有一流的服务和亲切的柜员等。

但是，传统思路不是定位思维。定位理论认为，你必须从潜在顾客已经认为你具有的优势上着手。

而潜在顾客给予长岛信托公司的唯一优势是"为长岛服务"的定位。只要接纳这个定位，该银行就能把入侵的大城市银行驱逐出去。它的第一则广告就是围绕这个定位主题展开的：

如果你住在长岛，为何要把钱存到纽约市？

把钱存在家门口，才是合理的做法。不要存在市里的银行，要存在长岛信托公司。这样就能为长岛做贡献。

毕竟，只有我们专注于长岛的发展。

而不是为了曼哈顿岛，或者科威特附近的某个岛屿。

问问你自己，你认为哪家银行最关心长岛的未来？

是一家刚刚来到长岛，在纽约大都会地区拥有数百个分行以及在五大洲有众多分支机构的银行吗？

还是一家像我们这样扎根长岛 50 多年，在本地开设了 33 个分理处的银行？

第二则广告上放了一张照片，照片上是一座带有北美花旗银行标志的大楼和几棵棕榈树。

对于一家大城市银行而言，在拿骚⊖有家分行，未必是在你所在的拿骚。

很有可能，那是在巴哈马的拿骚。那是大城市银行最喜欢的地方之一。实际上，这些跨国银行在巴哈马群岛和开曼群岛注册的贷款资金高达 750 亿美元。

这没有什么不对的。但是如果你的家在长岛，那对你没有多大的好处。

长岛不仅是我们最爱的地方，也是我们唯一的营业区域。我们在拿骚（长岛的拿骚）有 18 家分行，在昆斯和萨福克有 16 家分行。

我们在长岛发展了很长时间，超过半个世纪。我们在金融上与长岛紧密相连，我们 95% 的贷款和服务项目都提供给了长岛居民、他们的家庭、学校和企业。

长岛信托公司定位宣传的其他广告，也使用了类似的主题：

这是长岛信托公司定位宣传中的第二则广告。对一个在纽约格雷特内克区拥有住房的人来说，拿骚是向他征收房地产税的郡。对曼哈顿的一个银行家来说，拿骚是巴哈马的一个岛屿。

⊖ 加勒比海岛国巴哈马的首都是拿骚，长岛的一个郡也叫拿骚，两者名字完全相同。——译者注

The city is a great place to visit, but would you want to bank there?

Long Island Trust
The Island's largest bank.

这是长岛信托定位宣传中的第三则广告。就在这时，纽约市遇到了严重的财政困难。这则广告暗示的是，纽约市可能想动用你的存款来填补它预算的漏洞。

纽约市是观光的好地方，但是你想把自己的银行业务放在那里吗？

对一家纽约城市银行来说，真正重要的岛只有一个，就是曼哈顿。（配图是一幅小小的长岛地图以及一幅巨大的曼哈顿地图，对比之下相形见绌。）

如果遇到困难时期，那些大城市银行会不会一走了之？（回到城里去。）

15个月之后，又进行了同样的调查。请注意，长岛信托公司在每一项特性上的位置更靠前。

分行很多

长岛信托	7.0
北美国家银行	6.8
化学银行	6.6
花旗银行	6.5
大通曼哈顿	6.1
欧洲美国银行	6.1

在"分行很多"一项上，它从最后一位跃居第一位，尽管化学银行在长岛的分行数量是长岛信托的两倍以上。

服务项目齐全

花旗银行	7.8
化学银行	7.8
大通曼哈顿	7.6
长岛信托	7.3
北美国家银行	7.3
欧洲美国银行	7.2

在"服务项目齐全"一项上，长岛信托上升了两位，从第六位升至第四位。

服务质量

花旗银行	7.8
化学银行	7.6
大通曼哈顿	7.5
长岛信托	7.1
北美国家银行	7.1
欧洲美国银行	7.0

在"服务质量"一项上，长岛信托也从第六位上升到了第四位。

资本量大

长岛信托	7.0
化学银行	6.7
花旗银行	6.7
北美国家银行	6.6
大通曼哈顿	6.6
欧洲美国银行	6.4

在"资本量大"一项上，长岛信托从最后一位跃升至第一位。

定位的成果不仅体现在调查中，也体现在各家分行中。"在这家开创了知名定位理论的广告公司的帮助下，"长岛信托公司的年报中称，"我们的牵头银行——长岛信托公司，取得了长岛人的长岛银行的地位。人们对这次宣传活动的认同既迅速又令人满意。"

你也许会认为，一家银行宣传它专为所在地区服务，这是一个显而易见的概念。的确如此。

但是，最好的定位就是如此简单，简单到大多数人对它视而不见。

长岛信托公司如今已不复存在，它被一家大银行兼并了。但愿这些定位广告能提高它的出售价格。

POSITIONING

第 19 章

19

为天主教会定位

本书是一本关于广告的著作，但也可以写成一本关于宗教的著作。这么说太牵强吧？

并非如此。因为任何宗教的本质都是传播，由神传给教士，再由教士传给教众。

问题不是出在完美的神或不完美的教众身上，而是出在教士身上。

教士如何把传播理论应用到传教中，对宗教感化教众有重大的影响。

身份危机

不久以前，定位思维被应用到了天主教会。换言之，这个庞大的机构就像属于某家大公司一样，来处理传播问题。

为天主教会定位的请求，并非来自教皇或某个主教委员会，而来自一个非神职人员团体。该团体非常担心某位著名神学家所称的"身份危机"问题，这个问题是由第二届梵蒂冈大公会议提出的改革所引发的。

我们很快发现，天主教会的传播工作完全是杂乱无章的。

尽管教会花大力气改进传播技术，但是所有宣传项目缺乏一个强有力的中心主题，并且缺乏连续性（在电子化传播过度的时代，这是一个特别严重的问题）。

这就如同通用汽车公司没有整体的广告规划一样，所有的宣传都出自各地的经销商，有些做得好，更多的做得差。

大量的问题可以追溯到第二届梵蒂冈大公会议。

那次会议提出了"开放"政策。在那之前，教会在信徒的心智中有一个清晰的定位：大多数人认为，教会是传授律法的"教师"。教会特别注重各项规矩和奖惩，无论是对年长者还是对年轻人，一律平等对待。

第二届梵蒂冈大公会议让天主教会偏离了传授律法与维护秩序的定位。

这次会议取消了很多被认为并非必需的规章制度。改变礼拜仪式和方法，也成了普遍现象。灵活执行取代了严格遵守。

不幸的是，在做出这些重大改革时，罗马并没有广告经理那样的人物。没有人对这些变化进行提炼，用简洁的语言形成一个传播规划，以解释教会的新方向。

历史上，教会一直不需要传播规划，因此无法认识到这会导致什么问题。

失去影响力

缺乏一个对"新教会是什么"的清晰表述，已造成严重后果。

信徒暗地里在问："如果教会不是传授律法的'教师'，那是什么？"

第二届梵蒂冈大公会议结束以来，这个问题一直没有一个简单答案。教会没有在信徒心智中为自己重新定位，甚至对于教士也没有这么做。

由于得不到回答，很多人感到困惑并离开教会。

有史以来第一次，定期参加弥撒的天主教徒比例降到了 50% 以下。

神父、修女和修士的数量比 10 年前减少了 20%，神职人员数量减少了 60%。

最后还有一组数字尤其重要。天主教会目前是"美国社会中最大的道德权威团体"[这是新教神学家彼得·伯杰（Peter Berger）最近给天主教会的头衔]。

然而，当《美国新闻与世界报道》对 24 000 名具有很高影响力的高级管理者进行调查，让他们评价主要机构的影响力时，教会和其他宗教组织毫无希望地排在最后（见下表）。

显然，天主教会的道德权威没有得到有效的传播。

工会	66%
电视	65%
最高法院	65%
白宫	54%
报纸	47%
政府机关	46%
美国参议院	43%
美国众议院	36%
行业	33%
金融机构	25%
民主党	22%
杂志	20%
教育机构	18%
内阁	18%
广播电台	15%
广告公司	15%
共和党	8%
宗教组织	5%

教会的角色是什么

"天主教会在现代社会中的角色是什么？"

教士、主教和非神职人员对于该问题给出的答案千差万别。

有人说没有一个简单的答案，也有人说答案不止一个（"满足所有人需求"的陷阱）。

企业的高级管理者通常能回答此类问题。如果你问通用汽车公司的高级管理者"通用汽车的角色是什么"，他们很可能认为自己是世界上最大的汽车制造商。企业会花费巨资寻找并传播自己产品的核心优势，比如"白上加白"或者"佳洁士，防止蛀牙"。

天主教会必须用简单、明确的词语回答这个尚未得到答案的问题，并且为答案制定一个整合传播规划。然后，教会还需要以一种全新的、戏剧化的方式向教众开展这个传播规划。

为企业制定定位战略时，通常需要回顾企业的发展历程，直到理清企业的根本业务是什么。这就要审视过去的各种计划和项目，看看哪些奏效了，哪些无效。

在天主教会这个案例中，必须回顾教会在过去 2000 年里的历程。教会不像企业那样有年报，我们只能从《圣经》中寻找答案。

我们在为教会的角色寻找一个简单、直接的表述时，发现《马太福音》里有两段直白的文字提供了答案。

第一，耶稣在人间传道期间，上帝谕示人类要聆听他爱子的话（《马太福音》第 17 章第 23 节）。

第二，耶稣在离开人间的时候，指示门徒把从他那里听到的话传授给所有人（《马太福音》第 28 章第 19 节）。

传授耶稣的话

从《圣经》上可以明确地看到，耶稣认为教会的角色是"传授他的话"。

既然耶稣是"上帝之子"，他的话必定是永世适用的。耶稣的寓言故事不只是对他那个时代的人说的，也是对现在的人说的。

因此，这些寓言故事具有普遍适用性，永远不会过时。它们既简单又深刻。基督通过这些寓言故事为古往今来的人提供了思想和行动的食粮。

那么，现在宣讲福音的人能够也应该在他们各自的区域、各自的时代，用各自的方法，以新的形式传播耶稣的话。

所以，回溯历史确立教会的角色就是让耶稣活在每一代人的心中，让他的话去解决人们在各自的时代中遇到的问题。

在很大程度上，第二届梵蒂冈大公会议的指向似乎是让天主教会回归传统，从"传授律法"变成"传授耶稣的话"。

对于这么复杂的一个问题，这看起来是一个非常简单而且几乎显而易见的答案。

的确如此。经验告诉我们，寻找定位就是寻找显而易见的概念，它们**最容易传播，因为它们对于信息接收者来说最容易理解。**

可惜的是，显而易见的概念也最难获得认可，最难推销出去。

人类的心智倾向于崇尚复杂，显而易见的东西往往因为过于简单而被拒绝 [例如，许多天主教神职人员推崇著名神学家埃弗里·杜勒斯（Avery Dulles）对教会角色的定义。他的定义是：教会的角色不止一个，而是要扮演六个不同的角色。]

定位执行

一旦找到显而易见的定位概念，下一步要做的事情就是，运用合适的技巧去执行这个定位。

首先，也是最重要的一步，是对神职人员进行布道培训。要胜任"传授耶稣的话"的角色，神职人员必须具备过人的口才，提供高水平的布道（如今，最好的宗教演说家不是在教堂里，而是在礼拜天早晨的电视上）。

除了布道培训之外，我们还建议制作一部名为《回到原点》（*Return to the Beginning*）的介绍影片。

任何重大传播活动，一开始通常都需要一些戏剧化的内容去吸引人们的注意。电影这个媒介容易调动人们的情感，最适合达到这种效果（这也是电视能够成为新产品上市的强有力工具的原因）。

我们还为整个传播规划提出了大量的其他建议，这些建议都是围绕教会"传授耶稣的话"这个角色精心设计的。

要点在于，定位战略一旦确定，就为组织的所有活动指明了方向，即使像天主教会这样一个庞大和复杂的组织也是如此。

结果如何

毫无结果。

要想说服天主教会的管理层执行这个定位战略来解决他们的问题，实在是太难了。

主教不仅反对由俗人来告诉他们如何管理教会，而且，这个方案在他们看来过于显而易见而无法接受。简单的答案不如复杂的答案那样有吸引力。

关于这一点，今后要专门写一本书。⊖

现任教皇把天主教会带回到了保守的旧时代。我们不久就会看到下一任教皇将把教会带向何处。

⊖ 杰克·特劳特先生已写了《简单的力量》一书，此书中文版已由机械工业出版社出版。——译者注

POSITIONING

第 20 章

20

个人及事业定位

既然定位战略能用来推销产品，为什么不能用来推销你自己呢？

当然可以。

那么，让我们回顾定位理论，看如何将它运用在个人事业上。

定义自己

你是什么？人和产品都面临相同的错误，即想要满足所有人的需求。

问题在于潜在顾客的心智。在心智中让一个产品占据一个概念，就已足够困难了。一个产品要占据两三个或者更多的概念，几乎是不可能的事情。

做定位最难的地方，是挑选出你要占据的那一个特定概念。如果你要获得顾客心智的关注，就必须做出选择。

你是什么？你在生命中的定位是什么？你能用一个简单概念来概括自己的定位吗？还有，你的事业能够建立并利用这个定位吗？

大多数人不够决绝，不能为自己确定一个唯一的定位概念。他们摇摆不定，指望着别人给自己做定位。

"我是达拉斯最好的律师。"

你是吗？假如我们在达拉斯法律圈做一项调查，你的名字会被提到多少次？

要建立"我是达拉斯最好的律师"这个定位，需要一定的天分和运气，但更要靠战略。第一步是找出你用来建立那个长远定位的概念。这可不容易，但其回报可观。

敢于犯错

任何值得做的事情，即便做得很差也值得做。如果不值得做，那就根本不该去做。

反过来说，如果是一件值得做的事情，你想等到能够做得完美时再去做，迟迟不动手，就有失去机会的风险，永远都做不了。

所以，任何值得做的事情，即便做得很差也值得做。

在一家公司里，如果你勇于不断尝试并且时有成功，相比于因害怕失败而只做有把握的事情，你的个人声誉很可能更高。

人们至今还记得泰·柯布（Ty Cobb），他偷垒134 次，成功了 96 次（70% 的成功率），却想不起麦克斯·凯里（Max Carey），后者偷垒 53 次，成功了 51 次（成功率高达 96%）。

埃迪·阿尔卡罗（Eddie Arcaro）可能是有史以来最伟大的赛马骑师，但他连着输了 250 次后才获得第一次胜利。

要有好名字

还记得伦纳德·斯莱（Leonard Slye）吗？在他改名为罗伊·罗杰斯（Roy Rogers）之前，几乎无人知晓。起个好名字是成为电影明星的第一步。

那么，玛丽昂·莫里森（Marion Morrison）呢？他的原名放在一个彪悍的牛仔身上有点儿女人气，因此他改名为约翰·韦恩（John Wayne）。

如果你的名字叫拉尔夫·利夫希茨（Ralph Lifshitz）该怎么办？你会像拉尔夫·利夫希茨那样把名字改成拉尔夫·劳伦吗？别太肯定。多年来，我们曾建议很多商界人士改名字，至今还没有一个采纳的。

还有伊苏尔·达尼埃洛维奇（Issur Danielovitch），他先是改名为伊萨多·德姆斯基（Isadore Demsky），后来又改为柯克·道格拉斯（Kirk Douglas）。

小奥利弗·温德尔·霍姆斯（Oliver Wendell Holmes Jr.）说过："命运给他起名为史密斯⊖，想埋没他。"

法律赋予个人起任何名字的权利，只要不是为了欺骗或造假。但是，如果把自己改名为麦当劳，然后开一家汉堡包店，这种行为是不合法的。

同样，如果你是个政治家，就不必费精力把自己的名字改为"以上都不选"了。卢瑟·诺克斯（Luther D.Knox）在参加美国路易斯安那州州长的竞选预选时，把自己的名字合法地改成了"以上都不选"。然而，一位联邦法官把这位"以上都不选"先生从候选人名单里划掉了，因为这个名字有欺骗选民的动机。

避开无名陷阱

与企业一样，许多商界人士本人也掉入了首字母缩写的陷阱中。

年轻经理发现，最高管理层通常都使用首字母缩写，比如 J.S. 史密斯、R.H. 琼斯。于是，年轻经理也照着做，在备忘录和信件里使用首字母缩写。

这完全是个错误。使用首字母缩写的前提，是公司里每个人都知道你是谁。如果你正在升职的路上，如果你正努力让最高管理层牢牢记住你的名字，你就需要一个正式的名字，而不是一组缩略字母。企业的名字，也是同样的道理。

把你的名字写在纸上，看着它：罗杰 P. 丁克莱克（Roger P.Dinkelacker）。

这样的名字对于高层管理者的心理暗示是：我们是一家大公司，而你

⊖ 这里指 Samuel Francis Smith，美国浸礼会牧师、记者和作家，美国著名爱国歌曲 *America, My Country'Tis of Thee* 的词作者。史密斯在英文中有"铁匠"的意思。

的职位如此微不足道，所以你必须用这个"P"来让自己区别于其他叫罗杰·丁克莱克的雇员。

事实不一定是这样的。

如果你的名字是约翰·史密斯或玛丽·琼斯之类的，那你确实需要在姓名中间加一个字母，使自己区别于其他叫约翰·史密斯或玛丽·琼斯的人。

如果是这样，那你真正需要的是一个新名字。混淆不清是成功定位的大敌。太常见的名字不能让人们清晰记住。别人怎么能把约翰 T. 史密斯和约翰 S. 史密斯区分开来呢？

他们不会费精力去区分，而是会直接把这类名字全部忽略。这样，你就成了"无名"陷阱的又一位受害者。

避开品牌延伸陷阱

如果你有三个女儿，你会给她们起名为玛丽 1、玛丽 2 和玛丽 3 吗？还是给她们起名为玛丽、玛丽安和玛丽琳？这两种做法都会给她们制造伴随一生的困扰。

你如果在你儿子的名字中加上个"小"字，对他毫无帮助。他理应有一个独立的形象。

在演艺界，你必须在公众心智中打造一个清晰的形象，出名的姓氏都不应该用。

如今，影星莉莎·明内利（Liza Minnelli）比她母亲朱迪·嘉兰（Judy Garland）曾经的名声还要大。她如果叫莉莎·嘉兰，名字就会成为她的发展障碍。

歌星小弗兰克·西纳特拉（Frank Sinatra Jr.）最受品牌延伸名字之苦。他入行时确实受到了双重打击。

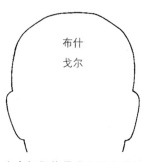

布什
戈尔

这个问题值得进行更多的探讨。如果父子或母女二人同时登台，带"小"的那位通常难以成名（如弗兰克·西纳特拉和小弗兰克·西纳特拉父子）。但是，家族品牌可以代代相传，并且在传承过程中变得极有影响力，在政界尤其如此。像罗斯福、肯尼迪、布什和戈尔等家族品牌的实力，就是见证。

听到小弗兰克·西纳特拉这个名字，听众会想："他不会像他父亲唱得那样好。"

由于人们只能听到想听到的，所以他们认为小弗兰克当然唱得不行了。

同样的道理，小威尔·罗杰斯（Will Rogers Jr.）也不怎么出名。

找匹马骑

有些有抱负的聪明人发现自己前途迷茫，这时他们通常会怎么办？

他们会更加努力。他们想用长时间的艰苦工作和投入来扭转局面。成功的秘诀是埋头苦干，把工作做得比别人好，这样名和利自然会到你身上，对吧？

错误。更加努力很少成为通往成功之路，更聪明地努力才是更好的办法。

鞋匠的孩子没鞋穿。管理人员往往不懂得管理自己的事业。

他们个人的战略往往基于一个天真的假设，即只要有能力、肯努力就能成功。于是，他们埋头苦干，等待某一天受到机会的垂青。

可是，那一天很少会到来。

事实是，一个人很难从自己身上找到名利之路。唯一能确保成功的途径，是为自己找一匹马骑。出于自尊，你可能难以接受这一点，但是人生的成功更多要依靠别人为你做些什么，而不是依靠你能为自己做些什么。

别问自己能为公司做什么，要问公司能为你做什么。所以，你如果想在事业上抓住最大的机会，就得睁大眼睛，为自己找一匹马。

1. 第一匹马是你所在的公司

你公司的发展方向是什么？或者不客气地说，它究竟有没有发展方向？

太多优秀的人对自己的前途充满期待，结果却陷于注定要失败的境地。但是，失败至少会给你第二次机会。比失败更糟糕的，是成长机会低于一般水平的公司。

如果你为注定失败的公司工作，那么无论你多么优秀都无济于事。泰坦尼克号上最好的船员最终也得和最差的水手上同一条救生艇，而且他还得足够幸运没有落水才行。

光凭你自己无法成功。如果你的公司没有出路，你应该换一家公司。即使不能找到像 IBM 或施乐这样的大公司，也应该找一家超过一般水平的公司。

你应该押宝在成长性行业上，比如电脑、电子、光学、通信这样的新兴行业[⊖]。

微软
英特尔
思科
雅虎
甲骨文
戴尔
星巴克
沃尔玛
家得宝

你如果早早进入这些公司中的任意一家，现在不可能不富有。当你换工作进入一家新兴行业的公司后，不要只关心它现在能付你多少工资，要关心它今后可能会付给你多少工资。

⊖ 这些新兴行业，是相对于本书英文版初版时（1981 年）而言的。——译者注

此外，别忘了，所有软性服务行业的成长都比硬件产品快得多。因此，要关注那些银行、租赁、保险、医药、金融和咨询服务公司。

要记住，你在老行业的经验会让你看不见全新产品领域的机会，尤其是各类服务行业。

2. 第二匹马是你的老板

对你的老板，要像对公司一样，你也要问自己相同的问题。他有没有前途？如果没有，谁会有？要永远争取为你能找到的最聪明和最有能力的人工作。

读一读成功人士的传记，你会惊讶地发现，有很多人是紧跟别人后面爬上成功阶梯的，从一开始做微不足道的工作到最后成为大公司的总裁或首席执行官。

然而，有些人其实愿意为没有能力的人工作。我估计，这些人是想，如果和能力差的在一起，自己就能鹤立鸡群。但是他们没有想到，最高管理层如果对某个业务部门不满意的话，往往会把整个部门毙掉。

假设有两种人过来找工作。

一种人对自己的专长极度自豪。他们通常会说："你们这里确实需要我，因为你们在我的专长上很弱。"

另一种人说的话则恰好相反："你们在我的专长上很强。你们做得太棒了，而我想和最强的人共事。"

哪一种人更可能得到这份工作？没错，是后一种人。

然而，尽管这看起来有点奇怪，最高管理层见得更多的却是前一种人，即那些想成为专家的人，最好再配上高职位和高工资。

拉尔夫·沃尔多·爱默生（Ralph Waldo Emerson）说过："把你的马车

系在星星上。"⊖这在当时是个好建议，如今仍然是个好建议。

你的老板若能成功，你很可能跟着会成功。

3. 第三匹马是朋友

许多商务人士有大量的私人朋友，却没有一个商界的朋友。有私人朋友虽然非常好，比如可以帮你打折买电视机或者儿童牙箍，但是他们通常很少能帮你找到一份更好的工作。

一个人事业上的大多数重大突破，往往是因为有商界朋友的推荐才得以发生。

你在自己公司之外的商界朋友越多，就越可能最终得到一份高职位、高回报的工作。

广交朋友是不够的。你还得时不时牵出友谊这匹马，操练一番。如果你平时不骑，在需要的时候就会骑不上这匹马。

如果有一位10年没有联系的商界老友打电话约你吃午饭，你就知道将会发生两件事情：①你得为这顿饭买单；②你的朋友要找工作。

当你要找工作的时候再用这种办法，往往为时太晚。骑好友谊这匹马的方法，是要经常与你所有的商界朋友保持联络。

这些动作包括，把他们可能感兴趣的文章从杂志上撕下来寄给他们（以及公关剪报），以及在他们升职时给他们写祝贺信。

别以为人们总能看到那些提到他们自己的文章。事实不是如此。如果有人寄上一份他们漏看的与自己相关的文章，他们总是会很感谢。

4. 第四匹马是一个想法

临终前一天的晚上，维克多·雨果（Victor Hugo）在日记中写道："当

⊖ 拉尔夫·沃尔多·爱默生（1803年5月25日—1882年4月27日），美国思想家、文学家和诗人。这句话的意思是要善用自然界的力量来做人的繁重劳动。本书作者引用这句话，是建议善用外部力量，如你的老板，来助你成功。

一个想法到了该出现的时候，什么也阻挡不了它，即便是世上所有的军队加在一起也不行。"

人人都知道，一个想法比其他任何东西能让你快速高升。但是，人们有时候对一个想法的期望太高。他们不仅想要一个伟大的想法，而且希望别人都认为那是个伟大的想法。

世上根本就没有这样的想法。如果你要等到一个想法被人接受，那就太晚了，早已有人会抢占这个想法。

借用几年前对流行和过时的定义：任何非常流行的事物其实已在走向过时。

要想骑上"想法"这匹马，你必须愿意受人奚落和反驳，必须愿意逆势而行。

除非你愿意冒险，愿意接受大量的非议，否则你不可能第一个提出新的想法或观念。

此外，你要耐心等待时机成熟。

我们提出的定位观念也经历了这个过程。争议，能让新想法或新观念保持活跃和受到广泛议论。

我们的定位文章在《广告时代》上刊登后没多久，利奥·格林兰（Leo Greenland）⊖就撰文谴责作者。"导师和狂热者"是他不得不说的两个还算好听的词。

甚至世界上最受尊敬的广告公司的总裁，也用一个词总结了我们的定位观念。

"胡说八道"，比尔·伯恩巴克（Bill Bernbach）⊜在霍姆斯特德举行的全美广告商协会的一次会议上如是说。

⊖　利奥·格林兰是 Smith/Greenland 广告公司创始人。——译者注
⊜　比尔·伯恩巴克是 DDB 广告公司的创始人之一。——译者注

"一项原理是否正确的一个标志，"用心理学家查尔斯·奥斯古德（Charles Osgood）的话来说，"是它遭到反对的强烈程度与持久程度。""在任何一个领域里，"奥斯古德博士说，"如果人们认为某个原理明显是胡说八道和不堪一击，他们往往会对它置之不理。反过来，如果该原理很难驳倒，而且让他们怀疑自己赖以成名的一些根本假设，他们就不得不站出来想方设法挑它的毛病了。"

绝不要害怕冲突。

如果没有阿道夫·希特勒，温斯顿·丘吉尔会怎么样？我们都知道这个问题的答案。阿道夫·希特勒被消灭后，英国公众立刻就找机会把温斯顿·丘吉尔赶下台。

你该记住利贝拉切（Liberace）[⊖]在回忆某次钢琴演奏会获得负面评论时说的话："我曾一路哭到河岸。"

一个想法或观念如果不能引发冲突的话，那就根本不是一个想法。

5. 第五匹马是信心

对别人以及别人的想法要有信心。有一个故事很好地说明了跳出自身，在外部为自己寻找财富机遇的重要性。这个故事的主人公大半生都是个失败者。

他的名字叫雷·克洛克（Ray Kroc）。他在年纪很大、很落魄的时候碰到了两兄弟，后者改变了他的一生。

这两兄弟有一个想法，却没有信心。于是，他俩以很低的价格把他们的想法连同名字卖给了雷·克洛克。

如今，雷·克洛克可能是美国最富有的人，身价高达数亿美元。

那两兄弟是谁？他们是麦克唐纳兄弟，每当你吃一份麦当劳汉堡包时，

⊖　利贝拉切，美国著名的艺人和钢琴家。——译者注

1989 年，我们把这一章扩写成一本书，书名叫《人生定位》○。

记住是雷·克洛克这个外人的远见、勇气和恒心造就了麦当劳连锁的成功。

而不是那两位名字叫麦克唐纳的人。

6. 第六匹马是你自己

还有一匹马，它平庸、难相处而且前途未卜。但是，人们经常想去骑它，尽管很少成功。

那匹马就是你自己。完全靠自己，要在商业或生活上获得成功，是可能的，但是并非易事。

商业和生活一样，是一项社会活动。在其中，合作和竞争同等重要。

以销售为例，光靠你自己不能达成销售，必须有人来买才行。

所以要记住，获胜次数最多的未必是体重最轻、最聪明或最强壮的骑师。最好的骑师赢不了比赛。

赢得比赛的骑师通常是所骑的马最好的那位。

所以，要给你自己选一匹好马，然后全力去跑。

○ 此书中文版已由机械工业出版社出版。——译者注

POSITIONING

第 21 章
21

成功六步曲

做一个定位项目，该如何开始呢？

做好定位不容易。容易犯的错误是，在没有弄明白问题之前，就直接找答案。更好的做法，是在急于得出结论之前，先有步骤地思考清楚你的处境。

为了帮你理清思路，你可以问问自己以下六个问题。

不要小看这些问题。这些问题问得简单，但是不容易回答，它们往往会引出一些让你自我反省的问题，需要考验你的勇气和信念。

第一，你已经拥有什么定位

定位是一种逆向思维。定位不是从自身开始，而是从潜在顾客的心智开始。

不要问你自己是什么，要问自己在潜在顾客的心智中已经拥有了什么定位。

在我们这个传播过度的社会中，改变心智会是一项异常艰难的任务。相比之下，利用心智中已有的认知就容易多了。

在确定潜在顾客心智的认知状态时，很重要的一点，是要避免自我主义。"我们已经拥有什么定位"这个问题的答案，应该从市场上去获取，而不是问自己公司的营销经理。

如果需要花些钱做市场调研，那就花钱做吧。现在就应该弄清楚顾客心智的真实状况和自己会面临的困难，免得最后弄明白时已无计可施。

思路要开阔，应该抓住大形势，避免陷入细枝末节。

比利时航空公司的问题不是航空公司本身，而是比利时这个国家。

七喜的问题不是潜在顾客对柠檬味饮料的态度，而是可乐在潜在顾客心智中占据的压倒性份额优势。大部分人说"给我来杯汽水"这句话时，他们的意思是要可口可乐或百事可乐。

看清潜在顾客心智中的大形势，才让七喜制定出了非常成功的非可乐定位。

今天的大多数产品，就像没有非可乐定位前的七喜。它们要么在潜在顾客心智中定位很弱，要么没有定位。

把自己的产品、服务或概念同潜在顾客心智中已有的认知相关联，是进入顾客心智的唯一可行之道。

第二，你想拥有什么定位

第二个问题是要设法想清楚，从长远看可以拥有的最佳定位是什么。"拥有"是个关键词。很多公司在传播规划里向潜在顾客传递的定位是不可能有效的，因为那个定位已经被别人抢占了。

福特给埃德塞尔的定位是失败的，原因之一是购车者心智中，根本没有空间再容纳一个有大量镀铬的中档价位的轿车。

相反，理查森·梅里尔公司（Richardson Merrill）在设法为自己的新感冒药定位，从而在与康泰克和 Dristan 竞争时，明智地避开了正面对抗。理查森·梅里尔公司选择让 Nyquil 占据"夜间感冒药"定位，而让那两个品牌去争夺日用感冒药市场。

结果，Nyquil 成了它近些年推出的最成功的新产品。

有时候，你的目标会过高，想占据的定位太宽泛。那种定位不可能在心智中建立，即便能建立，也无法防御像 Nyquil 这样定位更窄的产品的进攻。

这当然是"满足所有人需求"的陷阱。这方面的例子之一，就是 Rheingold 啤酒的著名广告。这家啤酒公司想抢占纽约市的工人阶层（这个群体中有数量庞大的啤酒重度饮用者，他们是不错的目标群体）。

于是，该公司制作了一些华美的广告，展现意大利人喝 Rheingold 啤酒、黑人喝 Rheingold 啤酒、爱尔兰人喝 Rheingold 啤酒、犹太人喝 Rheingold 啤酒等。

他们想吸引所有人，结果什么人都没有吸引到。原因很简单，人类都有偏见，一个民族喝 Rheingold 啤酒，另一个民族就不会喝。

事实上，这些广告，把纽约市所有的民族都排斥在外了。

Rheingold 啤酒失败了，但 F&M Schaefer 啤酒公司成功地将 Schaefer 定位为纽约的啤酒重度饮用者喝的啤酒，它的著名广告语是"你想多喝几瓶的时候，就喝这种啤酒"。F&M Schaefer 啤酒公司发现"重度饮用者"的定位未被占据，于是采取行动抢占了这个定位。

在个人职业生涯中，也容易犯同样的错误。如果方方面面都想做，将会一事无成。最好让自己聚焦在某一项专业上，建立专家的独特定位，而不要成为什么都干的通才。

第三，你必须超越谁

如果你要建立的定位，需要和市场领导者硬碰硬，那就算了。最好是绕过障碍，而不是强行突破。往后退一步，想办法去选择一个没有被别人占据的定位。

你从自身角度出发分析形势时，还必须花同样多的时间从竞争对手的角度做出分析。

从自身角度看，橄榄球是一项很容易的体育项目。要想得到 6 分，只需抱着球冲过得分线就行了。

橄榄球的难点不是得分（或者说，确定你想占据的定位），而是在你和得分线之间有 11 个对手阻挡你（也就是建立定位过程中遇到的问题）。

对付竞争对手，也是大多数营销局势中的主要问题。

第四，你有足够的钱吗

成功定位的一大障碍，是想达成不可能的任务。在顾客心智中占据一席之地，需要花钱；建立定位，需要花钱；保住已建立的定位，同样需要花钱。

如今，市场上干扰的噪声非常大。有太多跟风产品和跟风公司，在争夺潜在顾客的心智。要获得顾客心智的关注，变得越发艰难。

一个普通人在一年中，要接触大约 20 万条广告信息。你要知道超级杯赛中播出的一则收费 243 000 美元的广告，只占这其中的 20 万分之一，因此你会发现广告主的胜算有多低。

所以，像宝洁这样的公司是非常可怕的竞争对手。宝洁公司在押注一个新产品时，会在桌子上放上 2000 万美元，然后扫视一下对手说："你们下注吧。"

如果你不能投入足够的钱让自己从噪声中突围，宝洁这样的公司就会抢走你的定位概念。有一种应对噪声问题的方法，就是缩小地域范围，一个市场接一个市场地推出新产品或新概念，而不是一下子在全国甚至全球铺开。

在资金有限的情况下，在一个城市花足钱比在多个城市投入不足要强得多。如果你在一个地方成功了，就可以推向其他地方。当然前提是第一个地方要选对。

如果能在纽约（美国第一大苏格兰威士忌消费区）成为销量第一的苏格兰威士忌，那就可以把产品推向美国其他地方了。

第五，你能坚持到底吗

在我们这个传播过度的社会中，变化是常态。新概念取代老概念，令人应接不暇。

要应对变化，有长远的眼光很重要。你要有眼光确定自己的基本定位，然后坚持下去。

定位是积淀而成的概念，利用了广告能长期积累的特性。

你必须年复一年地坚持。大多数成功的公司，很少会改变已经证明有效的定位。牛仔骑马走入夕阳的万宝路香烟广告，你看到播了多少年？佳洁士长久以来一直坚持防蛀，已经针对第二代孩子了。由于变化，企业必须比以往更具战略性思维。

除了极少的特例外，一家企业几乎永远不应该改变它基本的定位战略。能改变的，只能是战术，即为了实施长期战略而采取的短期行动。

这里有一个诀窍，就是保持基本的定位战略并加以改进。这包括，寻找新的方法去戏剧化呈现定位，以及采用新的表现方法以避免令人乏味。换句话说，就是找出新方法让罗纳德·麦克唐纳⊖在广告片的结尾吃汉堡包。

在心智中拥有一个定位，如同拥有高价值的不动产。你一旦放弃，就会发现不可能再拿回来。

品牌延伸陷阱就是这种情况。品牌延伸实际上是在削弱你的基本定位。一旦失去定位，品牌就像无锚之船，漂浮不定。

李维斯品牌延伸进入休闲服饰领域，结果发现它在牛仔服领域的基本定位被"设计师品牌"牛仔服削弱了。

⊖ 罗纳德·麦克唐纳（Ronald McDonald），麦当劳汉堡包店门前和广告中的人物形象。——译者注

第六，你的传播体现了自己的定位吗

创意人通常不接受定位思维，因为他们相信定位束缚了他们的创意。

确实如此。定位思维确实束缚创意。

传播的最大悲剧之一，就是看着一家企业一步步精心规划出战略方案，然后交给"创意人"执行。结果，创意人在执行中运用了他们的创意技巧后，把战略掩盖在一片迷雾之中，再也无法辨认。

这样的企业，直接在广告中播放描述战略的幻灯片，其效果比花很多钱去做创意要强很多。

"安飞士在租车业只是第二，那为什么还要选我们？因为我们工作更努力。"这听上去不像广告，更像是对营销战略的陈述。实际上，这既是广告，又是营销战略。

你的广告体现了定位吗？这好比，你的着装体现了你是银行家、律师或者艺术家吗？

你有没有穿上了"创意的服装"而破坏了自己的定位？

创意本身毫无价值，只有当创意是为了戏剧化呈现定位时才能有所贡献。

局外人的作用

有时候有人会问：我们自己做定位，还是找人帮我们定位？

人们通常会找广告公司。广告公司？谁需要麦迪逊大道上的广告人的帮助？

人人都需要，但只有有钱的公司才雇得起广告公司。其他人，则必须学习自己做定位，必须学习如何运用只有局外人才有的宝贵特质。

那么，局外人有什么特质呢？这种特质叫无知，也叫客观性。

局外人不知道公司的内部运作，因此更有能力看清楚外部形势，即潜在顾客的心智状况。

局外人天生会从外部视角看问题，而公司内部的人则习惯于从内部视角看问题（难怪客户有时候会跟广告公司合不来）。

客观性，正是广告公司、营销咨询公司和公关公司能提供的重要特质。

局外人不能提供什么

用一个词来作答：奇迹。有些企业管理者觉得，广告公司的作用就是挥一挥魔棒，让潜在顾客马上蜂拥而至购买它们的产品。

这个魔棒当然被称为"创意"，它正是缺乏经验的新广告主追捧的东西。

普遍的看法是，广告公司"做创意"。最优秀的广告公司极富"创意"，可以在广告方案中自由运用创意。

在广告圈，流传着这样一个故事：有一家广告公司非常有创意，能让稻草变黄金。你可能听说过这家广告公司，因为它有一个很有创意的名字——Rumplestiltskin [⊖]。

这个故事流传至今，甚至今天还有人认为广

我们说错了。创意并没有死，仍在美国广告界大行其道。尽管人人都用"定位"这个词，但我们不敢确定，有多少广告人理解这个词的真正含义。

⊖　出自格林童话，讲述的正是稻草变黄金的故事。——译者注

告公司很有创意，能让稻草变黄金。

　　事实并非如此。广告公司无法让稻草变黄金。如果它们能的话，早就去从事稻草变黄金业务，而不会在广告业了。

　　如今，创意已死，广告公司需要做定位。

POSITIONING

第 22 章

22

定 位 素 养

有的人做不好定位，因为他们被词语框住了。他们有一个错误假设，即词语是有含义的。他们让字典主宰了自己的生活。

必须理解词语

通用语义学家已经说了好几十年了：词语没有含义。含义不在词语里，而是在人们对词语的使用中。

就像糖碗在放糖之前只是个空碗，一个词语在人们使用它并赋予其含义之前是没有含义的。

如果你想在一只漏的糖碗里加糖，糖是存不住的。如果你想在一个有漏洞的词语上添加含义，同样也没有用。更好的做法是，放弃那个有漏洞的词语，用另一个词语。

"大众"（Volkswagen）这个词无法包含中型豪华轿车这个概念，所以你得放弃这个糖碗，用另一个能容纳这个概念的糖碗——"奥迪"。你不能坚持认为：车是在大众汽车公司的工厂里生产的，所以必须叫"大众"。思维僵化是成功定位的障碍。

如今，要想定位成功，你的思维要有很大的灵活性。你必须要有能力选择和使用词语，蔑视历史书和词典的权威。

我们不是说已被人接受的传统含义不重要。恰恰相反，你必须选择那些能触发出你想建立的含义的词语。

如何给波兰这样的国家定位？

有关波兰人的笑话太多了，这些笑话已经把名叫"波兰"的糖碗弄脏了。因此，首先得给这个美丽的国家改个名字。它位于维斯瓦河与奥得河畔，拥有华沙和什切青等城市。

但是，这样做合乎道德吗？毕竟，这个国家现在叫波兰。

　　是吗？请记住，词语是没有含义的，在你为它们填充含义之前，它们是空的容器。如果你想给一个产品、一个人或一个国家重新定位，通常得先换个容器。

　　从某种意义上说，每个产品或服务都是"带包装的商品"。如果它没有包装盒，它的名字就是包装盒。

必须理解人

　　词语是触发器，它们能触发根植于人们心智中的含义。

　　当然，如果人们都明白上述道理，那么给一个产品重新命名，或者给汽车选择一个"野马"这样的充满激情的词语，就发挥不出优势了。

　　但是，人们并不明白。大多数人都是不太理智的。他们不是完全理智的，也不是完全精神失常的，而是介于二者之间。

　　理智的人和精神失常的人之间有什么区别？精神失常的人会有什么举动呢？通用语义学创始人阿尔弗雷德·科日布斯基（Alfred Korzybski）解释道，精神失常的人试图让现实世界顺应他们头脑中的认知。

　　认为自己是拿破仑的精神病人，想让外部世界顺应他的这种观念。

　　理智的人则不断分析现实世界，然后改变自己的想法以符合事实。对大多数人来说，这实在太麻烦了。此外，有多少人愿意不断改变自己的观点以符合事实呢？

　　改变事实以符合自己的观点，要容易得多。

　　不太理智的人先是有了看法，然后再去寻找事实以"证实"自己的看法。或者甚至更常见的是，他们采纳身边的"专家"的看法，这样就完全省去了寻找事实的麻烦（这就是口碑的实质）。

　　所以，你会发现，能够激发心智正面认知的名字，具有很大的威力。

心智会从名字的含义去理解现实世界。同一辆汽车，取名"野马"要比取名"乌龟"看起来更运动、更有活力、速度更快。

心智靠语言运转。心智的概念性思维，需要动用词语。选对了词语，就能影响思维过程本身（想想我们是如何学习语言的，就会知道人脑是"用词语进行思考"，而非用抽象思维。要想真正熟练掌握一门外语，比如法语，就必须学会用法语思考）。

但是，词语的应用有限制。如果一个词完全脱离现实，心智就会拒绝使用它。举个例子，如果在牙膏管上写上"大"字，除了生产商，人们都会叫它"小管"牙膏。如果在牙膏管上写上"经济"装，人们都叫它"大管"装。

必须警惕变化

世界变化多端，但万变不离其宗。然而，现在的人们陷入变化的幻觉中，失去了理智。世界一天一天看似变化得更快了。

多年前，一个成功的产品可以在市场上存活50多年，然后才退出。而如今，产品的生命周期大大缩短，有时是以月而不是年来计算的。

新产品、新服务、新市场，甚至新媒体都层出不穷。它们日渐成熟，但很快就销声匿迹，随后再进入下一个新的周期，周而复始。

过去，注重仪表的男人每周理一次头发，现在变成了每个月甚至每两个月才理一次。

过去，抵达大众的途径是大众杂志，现在是电视网络，将来则可能是有线电视。如今唯一永恒不变的似乎就是变化。生活犹如万花筒般瞬息万变。各种新花样出现又消失。

变化成了许多企业的生存常态。但是，做出改变是唯一能够跟上变化的方法吗？正好相反。

很多企业为了跟上变化，仓促推出一些项目，结果一败涂地。胜家公司试图进入家电行业；美国无线电公司进入电脑业；通用食品公司进入快餐业，且不提还有成百上千家公司放弃原来的名字，去追逐昙花一现的缩略名热。

与此同时，那些坚持所长、固守阵地的企业则取得了极大的成功。例如，美泰克（Maytag）公司生产品质可靠的家电产品，迪士尼公司推销梦幻主题乐园，以及雅芳公司上门直销化妆品。

再以人造黄油为例。30 年前，第一个成功的人造黄油品牌是针对黄油定位的。其代表性的广告语是："口味和高价的黄油差不多。"现在如何定位才有效呢？还是同样的战略。奇风（Chiffon）牌人造黄油的广告说："欺骗大自然母亲可不好。"[⊖]

如今，要做好定位，需要哪些素养呢？

要有远见

变化之于时间，就像大海里的波浪。短期之内，这些波浪会引起动荡和混乱。从长期来看，那些潜藏的暗流则重要得多。为了应对变化，你必须要有长远的眼光，确定好基础业务，并坚守不移。

改变一家大企业的发展方向就如同调转一艘航母的航向。要行驶过一段时间，方向才能有所转变。而如果方向转错了，回航所需的时间要更长。

要做好定位，就必须对企业未来 5 年、10 年的业务做出决策，而不是对下个月或者明年的业务做决策。换句话说，企业必须朝着正确的方向前

⊖　该广告想要表达的主题是，奇风牌人造黄油的口味可以和真正的黄油相媲美，就连大自然母亲也被"骗到了"，以为是真正的黄油。——译者注

进，而不要为每次的变化调整方向。

你必须要有远见。把定位建立在一种狭隘的技术、一个即将淘汰的产品或者一个有缺陷的名字之上，都是错误的。

最重要的是，必须能够辨别出什么可行、什么不可行。

这听起来很简单，其实不然。形势好的时候，什么都看似可行；形势不好的时候，什么都看似不行。

所以，你必须学会区分哪些是个人努力的结果，哪些是受惠于经济大势。许多营销专家的成功，是有幸碰上了好的经济形势。小心！今天风靡一时的营销天才，明天就有可能变成领救济金的人。

耐心一点。今天做对决策的人，明天就会有好结果。

一家企业如果定位方向正确，就能够掌控变化的潮流，抓住对自己有利的机会。但是，机会来临时，企业必须迅速出击。

要有勇气

纵观领导地位的创建历史，从巧克力业的好时公司到租车业的赫兹公司，它们的共通点不是营销技巧，甚至不是产品创新，而是在竞争对手有机会建立定位之前抢占先机。用旧时的军事术语来说就是，市场领导者是"率先出击，全力以赴"。通常在局势未定之时，领导者就倾力投入大量的营销资金。

例如，好时公司因为在巧克力业建立了如此强大的定位，而觉得根本无须做广告。这种信心，对于像玛氏（Mars）这样的竞争对手来说，是负担不起的奢望。

好时公司后来终于决定打广告了，但为时已晚。如今，好时牛奶巧克力棒已不再是同品类中卖得最好的，甚至连前五都排不上。

可见，领导者定位的建立依靠的不仅是运气和时机，还需要在别人后退观望时全力以赴的决心。

要客观

在定位时代，要想成功，就必须极度坦诚。在决策的过程中，必须设法消除一切自我主义，否则只会掩盖问题的本质。

做定位最重要的一个方面，是要能够客观地评价产品，并且了解现有顾客和潜在顾客是如何看待这些产品的。

还有一点必须记住，没有篮板打不了篮球。你需要一个搭档进行思想碰撞。一旦你认为自己已经找到了解决问题的简单的定位概念，你就失去了某样东西。

你失去的是客观性。你需要别人以一种新的视角来重新审视你的所有思考，反过来，别人也需要这么做。

定位就像打乒乓球，最适合两个人对打。本书由两人合写，绝非偶然。只有在一种切磋交流的氛围中，个人的想法才会不断精进和完善。

要简单

如今，只有显而易见的定位概念才可行。由于巨大的信息传播量让人难以应付，所以除此之外的其他方法难以成功。

但是，显而易见的东西并非总是那么明显。绰号"老板"的凯特林⊖在位于代顿的通用汽车研究大楼的墙上挂着一块标语牌："解决问题的答案将

⊖　全名为 Charles F. Kettering，绰号"Boss"（老板），于 1911 年发明了电动启动机，掀起了汽车界的革命。

是简单的。"

加亚提子干——产自大自然的糖果。

多汁多肉的盖恩斯汉堡——不用罐头的罐装狗粮。

Bubble Yum——最美味的泡泡糖。

这样的简单定位概念，才能在今天行之有效。简单的定位概念用简单的词语直截了当地表达出来。

通常而言，问题的解决方案如此简单，以至于成千上万的人对其视而不见。但是，如果一个定位概念显得高级或者复杂，我们就要质疑了。它很可能行不通，因为不够简单。

科学史就是世界上的凯特林们为复杂问题寻找简单答案的历史。

曾经有一家广告公司的老板坚持让他的客户经理把营销战略贴在每一份广告设计稿的背面。

这样一来，如果客户问起广告的战略意图，负责该客户的经理就可以把设计稿翻过来，把战略念出来。

然而，广告就应该简单到就是战略本身。

这家广告公司搞错了，它应该把设计稿背面的战略变成正面。

要敏锐

定位的初学者常说："这太容易了，只要找到一个专属定位就行了。"

说简单没错，但做起来并不容易。

难点在于要找到一个有效的空位才行。

例如，在政界，要建立一个极右（保守党）或者极左（社会党）的定位很容易。你必定能够抢占其中任何一个定位。但是如果这么定位的话，你会败选。

你必须在中间地带附近找到一个空位，或者说，你必须自由中带点保守，或者保守中带点自由。

这就要求保持极度的克制和敏锐。那些商场上和生活中的大赢家，都是在中间地带附近而非两头的极端地带找到空位的人。

有时候，你会遇到定位成功但销售失败的情况，或许我们可以称之为"劳斯莱斯思维法"。

"我们是行业里的'劳斯莱斯'"，这是如今在企业里面经常听到的一句话。

你知道劳斯莱斯轿车每年的销量是多少吗？

很少，一年也就几千辆吧。而凯迪拉克轿车每年销售近 50 万辆（如今在英国能看到阿拉伯语的劳斯莱斯轿车广告，真是令人咋舌。但是，当它的售价都要在 6 万美元以上时，市场空间非常小）。

凯迪拉克和劳斯莱斯虽然都是豪华轿车，但二者具有天壤之别。对于普通汽车消费者而言，劳斯莱斯遥不可及。

而凯迪拉克并非高不可攀，就像米狮龙啤酒和其他高端产品那样。建立成功定位的秘诀在于保持两个方面的平衡：①一个独一无二的定位；②能吸引广大的人群。

要有耐心

鲜有企业有条件在全国范围内推行一款新产品。

相反，企业会先在一些区域打造成功品牌，然后再向其他市场拓展。

按照地域逐步展开是一种做法：先在一个区域市场建立品牌，然后再推向下一个市场；由东部推向西部，或者由西部推向东部。

按照人群逐步展开是另一种做法：菲利普·莫瑞斯公司先让万宝路成

为大学校园里的第一品牌，此后很久，才让它变成全国第一品牌。

按照年龄段逐步展开是第三种做法：先针对某个年龄段的群体建立品牌，然后再推广到其他年龄段。百事可乐公司通过"百事一代"在年轻人当中建立品牌，然后伴随他们的成长而继续从中获利。

按照分销渠道逐步展开也是一种做法：威娜（Wella）的产品系列一开始是在美容院销售，待品牌建立后，再进入杂货店和超市。

要有全球视角

不要忽视全球化思维的重要性。企业如果只关注美国市场，就会错失法国、德国、日本等国际市场上的机会。

营销正快速演变为一场全球性的角逐。现在，企业发现在一个国家拥有定位之后，可以利用这一定位开辟下一个国家的市场。IBM公司拥有德国计算机市场约60%的份额。这个事实意外吗？其实没什么。IBM有一半以上的利润来自美国境外。

当企业开始全球化经营，往往会遇到名字方面的问题。

一个典型的例子就是美国橡胶公司，一家生产多种非橡胶制品的跨国企业。把名字改成"优耐陆"（Uniroyal）之后，就创造了一个可以在全球使用的全新的公司形象。

要有"外部"导向

营销人员分为两种：一种是"内部"导向型，另一种是"外部"导向型。

内部导向型营销人员难以理解定位这一新概念的本质：为某个产品定位，并不是在销售经理的办公室里，而是在潜在顾客的心智中。

1988 年，我们把 "内部导向 vs. 外部导向" 的概念扩展成一本书，即《营销革命》（*Bottom-Up Marketing*）⊖。在企业内部发现不了定位，只能到外部去找。你要找到一种战术，它能够在潜在顾客的心智中发挥作用。然后，再将这一战术导入企业内部，制定出一套战略来确保这个战术发挥作用。

这类营销人员喜欢成群结队地参加各种励志研讨会。他们相信只要有决心，一切皆有可能。

他们喜欢发表慷慨激昂的演说。"我们有意志，有决心；我们工作卖力；我们有优秀的销售团队、忠诚的经销商，我们有这个有那个。有了这些，我们必将成功。"

说不定他们能成功。

但是，外部导向型营销人员通常能够把事情看得更清楚。他们把注意力集中在竞争对手身上。他们像将军巡视战场那样扫描市场环境。他们找出竞争对手的弱点加以利用，并学会避其锋芒。

尤其是他们很快能够放下 "卓越的员工是成功的关键" 的幻想。

"我们拥有最优秀的员工"，这可能是最大的幻想。每一位将军的内心都深知，不同军队里单个士兵之间的战斗力通常只有细微的差别。这支或那支军队可能受过更好的训练，或者拥有更先进的装备，但如果士兵数量众多，整体的士兵内在能力就扯平了。

不同企业之间的员工能力水平亦是如此。如果你相信本企业的每一位员工都比对手的强，那么你可能是什么都会相信的人，比如相信有圣诞

⊖　此书中文版已由机械工业出版社出版。——译者注

老人和牙仙[⊖]。

　　能够均衡企业间力量的因素当然是数量。从数量有限的有潜质的员工中挑选出一个出类拔萃的人是有可能的，但要想找出10个、100个、1000个这样的人则要另当别论。

　　只要做一点点数学运算就会知道，任何一家拥有数百名以上员工的企业，在人员平均素质方面与竞争对手没有差异（当然，除非该企业的员工工资更高，但那是舍量求质，未必是一种优势）。

　　如果通用汽车公司要对战福特公司，你知道结局并不会由双方的员工个人能力所决定，而只会取决于哪边的将领更出色、战略更好。当然，优势是在通用汽车这边。

不要什么

　　你不需要营销天才的美誉。事实上，这可能是致命的缺陷。

　　产品上领先的企业时常犯的一个严重错误，是将自己的成功归因于营销技巧。企业也因此认为可以将自己的营销技巧运用到其他产品或者其他营销形势中。

　　施乐公司在电脑领域的惨痛经历就是见证。

　　IBM公司纵然营销知识丰富，也没好多少。到目前为止，IBM的普通纸复印机业务并没有对施乐公司造成多大的影响。

　　定位的规则适用于任何类型的产品。举例来说，在包装产品领域，百时美施贵宝公司先是推出Fact牙膏，想和佳洁士较量（Fact在花费500万美元推广费之后失败了）；接着又推出了Resolve，想要挑战Alka-Seltzer

---

我们一再告诫"不要和地位稳固的领导者发生正面冲突"。1985年，我们把这一概念扩展成一本书，叫作《商战》（*Marketing Warfare*）⊖，该书畅销至今。

（Resolve在花费1100万美元之后失败了）；后来想用Dissolve推翻拜耳，结果又是一次让人头痛的财务损失；再后来又想用达特利攻击泰诺，这下头痛得更厉害了。

有些企业总想和地位稳固的竞争对手正面交锋，这种自杀式的决心实在令人费解。明知道已有那么多失败案例，这些企业却还要不顾一切地奋勇向前。在商战中，"轻骑旅冲锋"⊖的惨烈战役每天都在上演。

结局可想而知。

大多数企业在品类中处于第二、第三、第四甚至更差的位置上，那该怎么办呢？

人总是心存幻想。落后的跟随型企业十有八九会向领导者发起正面进攻，就像RCA攻击IBM那样。结局是一场灾难。

再次重申，定位的第一法则是：要想赢得心智之战，就不能和已经在顾客心智中牢牢占据强有力位置的企业正面交锋。你可以从各个方向迂回出击，但绝不要迎面而上。

领导者已经占领了高地，在潜在顾客心智中占据了第一的位置，排在产品阶梯的第一位。落后的企业，若想让自己在产品阶梯上的排名靠前，

⊖ 在1854年的克里米亚战争中，英军轻骑旅受命正面攻击俄军，因实力悬殊，英军伤亡惨重。——译者注

⊖ 此书中文版已由机械工业出版社出版。——译者注

就必须遵守定位法则。

在我们这个传播过度的社会里，定位是制胜之道。

只有更好地运用定位的企业，才能生存。

领先法则显然是营销法则中最重要的第一条。但是，如果不是领导者那怎么办？1993年，我们在《22条商规》(*The 22 Immutable Laws of Marketing*)一书中回答了这个问题（以及很多其他问题）。核心要点是：如果不是领导者，那就开创一个能够让你成为领导者的新品类。

这么多年来，我们还围绕这本出版了20多年的《定位》著作，从不同角度写了无数篇文章。我们的观点一直没变。之所以写这么多，是因为我们总是碰到不相信我们的人。有一个人相信我们，就是哈佛大学的迈克尔·波特教授，他把"定位"引入了他的竞争优势理论。

附录A
定位思想应用

定位思想

正在以下组织或品牌中得到运用

·王老吉：6年超越可口可乐

王老吉凉茶曾在年销售额1个多亿徘徊数年，2002年借助"怕上火"的定位概念由广东成功走向全国，2008年销售额达到120亿元，成功超越可口可乐在中国的销售额。

·长城汽车：品类聚焦打造中国SUV领导者

以皮卡起家的长城汽车决定投入巨资进入现有市场更大的轿车市场，并于2007年推出首款轿车产品，市场反响冷淡，企业销量、利润双双下滑。2008年，在定位理论的帮助下，通过研究各个品类的未来趋势与机会，长城确定了聚焦SUV的战略，新战略驱动长城重获竞争力，哈弗战胜日韩品牌，重新夺回中国市场SUV冠军宝座。2011年，长城更是逆市增长，销售增速及利润高居自主车企之首。

·东阿阿胶：5年市值增长15倍

2005年，东阿阿胶的增长出现停滞，公司市值处于20亿元左右的规模。随着东阿阿胶"滋补三大宝"定位的实施，以及在此基础上多品牌定位战略的展开，公司重回高速发展之路，2010 年市值超 300 亿元。

• 真功夫：新定位缔造中式快餐领导者

以蒸饭起家的中式快餐品牌真功夫在进入北京、上海等地之后逐渐陷入发展瓶颈，问题店增加，增长乏力。在定位理论的帮助下，通过研究快餐品类分化趋势，真功夫厘清了自身最佳战略机会，聚焦于米饭快餐，成立"米饭大学"，打造"排骨饭"为代表品项，并以"快速"为定位指导内部运营以及店面选址。新战略使真功夫重获竞争力，拉开与竞争对手的差距，进一步巩固了中式快餐领导者的地位。

• 家有购物：扭亏为盈，销售额增长 600%

家有购物成立于 2007 年，在经历第 1 年的快速成长后遇到了发展瓶颈，2009 年销售额仅为 2.8 亿元，企业亏损加剧。2010 年，在定位理论的帮助下，家有购物重新规划企业战略，聚焦家居用品品类，明确了"天天特价"的定位，战略实施之后，迅速扭亏为盈，2011 年销售额突破 18 亿元，增长 600%。

……

红云红河集团、劲霸男装、鲁花花生油、香飘飘奶茶、AB 集团、芙蓉王香烟、美的电器、方太厨电、创维电器、九阳豆浆机、HYT 无线通讯、乌江涪陵榨菜……

• "棒！约翰"：以小击大，战胜必胜客

《华尔街日报》说"谁说小人物不能打败大人物"时，就是指"棒！约翰"以小击大，痛击必胜客的故事。里斯和特劳特帮助它把自己定位成一个聚焦原料的公司——更好的原料、更好的比萨，此举使"棒！约翰"在美国已成为公认最成功的比萨店之一。

• IBM：成功转型，走出困境

IBM 公司 1993 年巨亏 160 亿美元，里斯和特劳特先生将 IBM 品牌重新定位为"集成电脑服务商"，这一战略使得 IBM 成功转型，走出困境，2001 年的净利润高达 77 亿美元。

· 莲花公司：绝处逢生

莲花公司面临绝境，里斯和特劳特将它重新定位为"群组软件"，用来解决联网电脑上的同步运算。此举使莲花公司重获生机，并凭此赢得 IBM 青睐，以高达 35 亿美元的价格售出。

· 西南航空：超越三强

针对美国航空的多级舱位和多重定价的竞争，里斯和特劳特将它重新定位为"单一舱级"的航空品牌，此举帮助西南航空从一大堆跟随者中脱颖而出，自 1997 年起连续五年被《财富》杂志评为"美国最值得尊敬的公司"。

......

惠普、宝洁、通用电气、苹果、汉堡王、美林、默克、雀巢、施乐、百事、宜家等《财富》500 强企业，"棒！约翰"、莲花公司、泽西联合银行、Repsol 石油、ECO 饮用水、七喜......

附录B
企业家感言

如果说王老吉今天稍微有一点成绩的话，我觉得我们要感恩方方面面的因素，在这里有两位大贵人，这就是特劳特（中国）公司的邓德隆和陈奇峰。在我们整个发展的过程中，每一步非常关键的时刻，他们都出现了……其实，他们在过去的将近十年里一直陪伴着我们走过。

——加多宝集团（红罐王老吉）副总裁　阳爱星

定位理论能帮你跳出企业看企业，透过现象看本质，从竞争导向、战略定位、顾客心智等方面来审视解决企业发展过程中的问题。特劳特，多年来一直是劲霸男装品牌发展的战略顾问；定位理论，多年来一直是劲霸男装3000多个营销终端的品牌圣经。明确品牌定位，进而明白如何坚持定位，明确方向，进而找到方法，这就是定位的价值和意义。

——劲霸男装股份有限公司总裁　洪忠信

邓德隆的《2小时品牌素养》是让我一口气看完的书，也是对我影响最大的书，此书对定位理论阐述得如此透彻！九阳十几年聚焦于豆浆机的成长史，对照"定位理论"，竟如此契合，如同一个具体的案例！看完此书，我们更坚定了九阳的"定位"。

——九阳股份有限公司董事长　王旭宁

品牌，是市场竞争的基石，是企业基业长青的保证。企业在发展中的首要任务是打造品牌，特劳特是世界级大师，定位理论指导了许多世界级企业取得竞争的胜利，学习后我们深受启发。

——燕京啤酒集团公司董事长　李福成

定位已经不是简单的理论和工具，它打开了一片天地，不再是学一个理论、学一个原理，真的是让自己看到了更广阔的天地。

——辉瑞投资公司市场总监　孙敏

好多年前我就看过有关定位的书，这次与我们各个事业部的总经理一起来学习，让自己对定位的理念更清晰，理解更深刻，对立白集团战略和各个品牌的定位明朗了很多。

——立白集团总裁　陈凯旋

在不同的条件下、不同的环境中，如何运用定位理论，去找到企业的定位，去实现这个战略，我觉得企业应该用特劳特的方法很好地实现企业的战略，不管企业处于哪个阶段，这个理论越早走越好。

——江淮动力股份公司总经理　胡尔广

定位的关键首先是确立企业的竞争环境，认知自己的市场地位，认清楚和认识到自己的市场机会，这样确定后决定我们采用什么样的策略，这个策略包括获取什么样的心智资源，包括如何竞争取舍，运用什么样的品牌，包括在品牌不同的生命周期、不同的生命阶段采用什么样的战术去攻防。总之，这是我所经历的最实战的战略课程。

——迪马实业股份公司总经理　贾浚

战略定位，简而不单，心智导师，品牌摇篮。我会带着定位的理念回到我们公司进一步消化，希望能够借助定位的理论帮助我们公司发展。

——IBM（中国）公司合伙人　夏志红

从事广告行业 15 年，服务了 100 多个著名品牌，了解了定位的相关理论后，回过头再一看：但凡一个成功的企业，或者一个成功的企业家，都不同程度地遵循并且坚持了品牌定位理论的精髓，并都视品牌为主要的竞争工具。我这里所说的成功企业，并不就是所谓的大企业（规模巨大或无所不能），而是拥有深深占领了消费者心智资源的强势品牌。这样的成功企业，至少能有很好的利润、长久的生存基础，因而一定拥有真正的竞争优势。

——三人行广告有限公司董事长　胡栋龙

定位理论对企业的发展是至关重要的，餐饮行业非常需要这样一个世界顶级智慧来做引导。回顾乡村基的发展历程，我已领悟到"定位"的重要性，在听了本次定位课程之后，有了更加清晰的认识和系统的理论基础，我也更有信心将乡村基打造成为"中国快餐第一品牌"！

——乡村基国际餐饮有限公司董事长　李红

心智为王，归纳了我们品牌成长 14 年的历程，这是极强的共鸣；心智战略，指明了所有企业发展的正确方向，这是我们中国的福音；心智定位，对企业领导者提出了更高的要求，知识性企业的时代来临了。

——漫步者科技股份公司董事长　张文东

定位的本质是解决占有消费者心智资源的问题。品牌的本质是解决心智资源占有数量和质量的问题。从很大意义上来说，定位是因，品牌是果。定位之后的系统整合和一系列营销活动，实际上是在消费者的大脑里创建或强化一种心智模式，或者是重新改善对待品牌的心智模式。当这种心智资源被占有到一定程度（可用销量或市场占有率来衡量），或心智模式已在较大市场范围明确确立时，则形成了品牌力，而品牌力即构成了竞争力的核心，品牌战略则是有效延续和扩大核心竞争优势的方针性举措。

——奇正藏药总经理　李志民

消费者"心智"之真，企业、品牌"定位"之初，始于"品牌素养"之悟！

——乌江榨菜集团董事长兼总经理　周斌全

盘点改革开放 30 多年来中国企业的成长史，对于定位理论的研究和运用仍然凤毛麟角。企业成败的案例已经证明：能否在大变动时代实现有效的定位，成为所有企业面临的更加迫切的问题。谁将赢得下一个 30 年？就看企业是不是专业、专注、专心去做自己最专长的事！

——西洋集团副总经理　仇广纯

格兰仕的成功印证了"品牌"对于企业的重要价值，能否在激烈的市场竞争中准确定位，已成为企业生存发展的关键。

——格兰仕集团常务副总裁　俞尧昌

经过这些年的发展，我的体会是：越是在艰苦的时候，越能看到品类聚焦的作用。长城汽车坚持走"通过打造品类优势提升品牌优势"之路，至少在 5 年内不会增加产品种类。

——长城汽车股份有限公司董事长　魏建军

在与里斯中国公司的多年合作中，我最大的感受是企业在不断矫正自己的战略定位、在聚焦再聚焦，真的是一场持久战。

——长城汽车股份有限公司总裁　王凤英

定位思想最大的特点就是观点鲜明，直指问题核心，绝不同于学院派的观点。

> ——北药集团董事长　卫华诚

接触了定位理论，对我触动很大，尤其是里斯先生的无私，把这么好的观念无私地奉献给企业。

> ——滇红集团董事长　王天权

对于定位理论的理解，当时里斯中国公司的张云先生告诉我们一句话，一个企业不要考虑你要做什么，要考虑不要做什么。其实我理解定位，更多的是要放弃，放弃没有能力做到的，把精力集中到能够做到的地方，这样才有可能在有限的平台当中用你更多的资源去集中，做到相对竞争力的最大化。

> ——家有购物集团有限公司董事长　孔炯

定位和品类战略思想，令 AB 集团受益匪浅，从 2008 年导入至今，我们在大环境不好的情况下，每年都高速增长。

> ——江苏 AB 集团董事长　周惠明

我们曾经以为定位就是找一个定位概念，然后上大量广告。但实践证明这种做法风险很大，品类战略帮我们理清了如何将定位理论落地实践的思路。

> ——喜多多食品有限公司董事　许庆纯

定位理论告诉我们，品牌要通过定位，抢占消费者心智，成为品类的代表。我们要做的工作就是，讲到保温杯，消费者就想到哈尔斯。我们要做的就是要聚焦，要做领导产品。

> ——哈尔斯股份公司总经理　张卫东

在定位理论上，我的感受首先就是聚焦。聚焦之后，站在自己聚焦的产品或者品类上，给自己聚焦的品类进行一个理念的诉求，而后围绕自己定位的理念进行视觉或者是全方面销售的打造。

——净雅集团董事长　张永舵

相信定位理论，坚定地聚焦品类，持之以恒，这是中国品牌能够早日成为世界品牌的最佳途径。

——唯美集团董事长　黄建平

定位经典丛书

序号	ISBN	书名	作者
1	978-7-111-57797-3	定位（经典重译版）	（美）艾·里斯、杰克·特劳特
2	978-7-111-57823-9	商战（经典重译版）	（美）艾·里斯、杰克·特劳特
3	978-7-111-32672-4	简单的力量	（美）杰克·特劳特、史蒂夫·里夫金
4	978-7-111-32734-9	什么是战略	（美）杰克·特劳特
5	978-7-111-57995-3	显而易见（经典重译版）	（美）杰克·特劳特
6	978-7-111-57825-3	重新定位（经典重译版）	（美）杰克·特劳特、史蒂夫·里夫金
7	978-7-111-34814-6	与众不同（珍藏版）	（美）杰克·特劳特、史蒂夫·里夫金
8	978-7-111-57824-6	特劳特营销十要	（美）杰克·特劳特
9	978-7-111-35368-3	大品牌大问题	（美）杰克·特劳特
10	978-7-111-35558-8	人生定位	（美）艾·里斯、杰克·特劳特
11	978-7-111-57822-2	营销革命（经典重译版）	（美）艾·里斯、杰克·特劳特
12	978-7-111-35676-9	2小时品牌素养（第3版）	邓德隆
13	978-7-111-66563-2	视觉锤（珍藏版）	（美）劳拉·里斯
14	978-7-111-43424-5	品牌22律	（美）艾·里斯、劳拉·里斯
15	978-7-111-43434-4	董事会里的战争	（美）艾·里斯、劳拉·里斯
16	978-7-111-43474-0	22条商规	（美）艾·里斯、杰克·特劳特
17	978-7-111-44657-6	聚焦	（美）艾·里斯
18	978-7-111-44364-3	品牌的起源	（美）艾·里斯、劳拉·里斯
19	978-7-111-44189-2	互联网商规11条	（美）艾·里斯、劳拉·里斯
20	978-7-111-43706-2	广告的没落 公关的崛起	（美）艾·里斯、劳拉·里斯
21	978-7-111-56830-8	品类战略（十周年实践版）	张云、王刚
22	978-7-111-62451-6	21世纪的定位：定位之父重新定义"定位"	（美）艾·里斯、劳拉·里斯　张云
23	978-7-111-71769-0	品类创新：成为第一的终极战略	张云

推荐阅读

关键跃升：新任管理者成事的底层逻辑

从"自己完成任务"跃升到"通过别人完成任务"，你不可不知的道理、方法和工具，一次性全部给到你

底层逻辑：看清这个世界的底牌

为你准备一整套思维框架，助你启动"开挂人生"

底层逻辑2：理解商业世界的本质

带你升维思考，看透商业的本质

进化的力量

提炼个人和企业发展的8个新机遇，帮助你疯狂进化！

进化的力量2：寻找不确定性中的确定性

抵御寒气，把确定性传递给每一个人

进化的力量3

有策略地行动，无止境地进化